CD付き

世界一わかりやすい！
インドネシア語

Menguasai Bahasa Indonesia dalam Semalam

ぶっつけ本番でも
話せる！
通じる！

初めてのインドネシア語学習
旅行・出張に！

TLS出版社　　　　　村田 恭一 著

はじめに

　忙しい日本の生活から離れてバリ島に降り立つと、まず心地よい甘い空気と温かい人々の笑顔に迎えられ癒されます。辛くて刺激的な料理も気が付けばへっちゃらになり、非日常的な生活にも自然と溶け込んでしまう。「神々の住む島」と呼ばれるインドネシアには、癒しの魔法をかけることができる神が本当に存在するのではないかと思えてくるほどです。

　そのような国に暮らす、陽気で、気が長くて、リラックスするのが上手で、寛容で、我慢強いインドネシア人ですが、実は日本人以上に恥ずかしがり屋さんです。けれども話しかければ笑顔で返してくれます。まずは『スラマッ(ト) スィアン（＝こんにちは）』と声をかけながら同時に握手を求めてみましょう。すると自分の手を胸にかざしながら『スラマッ(ト) スィアン』と応えてくれるでしょう。これは感謝の意を表すインドネシア特有の動作です。インドネシア人との距離が近づく第一歩、ぜひこの仕草を真似てみて下さい。

　インドネシア語は元々、マレー半島に住む商人が交易で使っていた言語で、日本語や欧米語のように時制や主語に応じた語形変化がほとんど無く、文字もシンプルで読みやすいので、世界一習得が簡単ともいわれています。

　本書は、インドネシア語に初めて接する日本人の方々のために、できるだけ「簡単に」「分かりやすい」言い回しにしています。ひょっとしたらインドネシア人の友達やインドネシア語上級者に「もっといい言い方があるよ」といわれるかもしれません。他の言い方を発見した時、教えてもらった時、理解できた時、その時は皆さんのインドネシア語力がUPした証拠です。

　同じ言語圏のマレーシアとブルネイを合わせて、約3億人とコミュニケーションを取ることができるインドネシア語の素敵な魅力を多くの方々に感じていただけますように。

村田 恭一

もくじ

はじめに ・・・・・・・・・・・・・・・・・・・・・ 3
本書の特長と使い方 ・・・・・・・・・・・・ 8
地図と概要 ・・・・・・・・・・・・・・・・・・・ 17

Part 1 入門講座 … 9

発音講座　10
母音編 ・・・・・・・・・・・・・・・・・・・・・・ 11
子音編 ・・・・・・・・・・・・・・・・・・・・・・ 13
声に出してみよう 発音練習 ・・・・・・ 16

数字講座　18

文法講座　22
インドネシア語の語順 ・・・・・・・・・・ 22
敬称 ・・・・・・・・・・・・・・・・・・・・・・・・ 25
人称代名詞 ・・・・・・・・・・・・・・・・・・ 27
指示代名詞 ・・・・・・・・・・・・・・・・・・ 30
存在＆所在 ・・・・・・・・・・・・・・・・・・ 31
否定形 ・・・・・・・・・・・・・・・・・・・・・・ 33
疑問形 Part 1 ・・・・・・・・・・・・・・・・ 35
疑問形 Part 2 ・・・・・・・・・・・・・・・・ 37
未来形 ・・・・・・・・・・・・・・・・・・・・・・ 43
現在進行形 ・・・・・・・・・・・・・・・・・・ 45
過去形 ・・・・・・・・・・・・・・・・・・・・・・ 46
必要「〜しなければならない」 ・・・・ 50
義務「〜するべき」 ・・・・・・・・・・・・・ 51

可能「～することができる」・・・・・・52
動作の欲求「～したい」・・・・・・・・53
物の欲求「～が欲しい」・・・・・・・54
依頼「～してもらえますか?」・・・・・・55
許可「～してもよろしいですか?」・・・・56
禁止＆命令「～しないで下さい」「～して下さい」・・・57
勧誘＆推奨「～しましょう」「～する方がいい」・・58
推量＆仮定「～かもしれない」「もし～ならば」・59
同等・比較・最上「同じくらい～」「より～」「最も～」・・60
接頭辞＆接尾辞・・・・・・・・・・62

Part 2 場面別 フレーズ集

| 場面別　フレーズ集 | 71 |

まずはこれだけ！・・・・・・・・・72
あいづち・・・・・・・・・・・・77
自己紹介・・・・・・・・・・・・78
お仕事は？・・・・・・・・・・・80
両替する・・・・・・・・・・・・82
お礼・感謝・・・・・・・・・・・83
タクシーに乗る・・・・・・・・・84
ホテルで・・・・・・・・・・・・86
お食事・・・・・・・・・・・・・88
おすすめは？・・・・・・・・・・90
どうやって乗るの？・・・・・・・92
場所をたずねる・・・・・・・・・94
ショッピング・・・・・・・・・・96

Part 2 場面別フレーズ集

チケット購入	98
教え合う	100
ホメ言葉	101
何時？	102
日時の表現①	104
日時の表現②	106
時刻	107
お誘い表現	108
写真撮影	110
レンタカー	111
トラブル遭遇！	112
病気の症状	114
薬を買う	116
病院で	118
お断り	120
怒ってます！	121
お別れです…	122
残念っ！	124
求愛フレーズ	125
天気・気温	126
髪を切る	128
学ぼう！	130
マッサージ屋さん	131
手紙・荷物を送る	132
電話をかける	134

Part 3 カテゴリー別単語集 …135

カテゴリー別　単語集　135

- 基本の動詞① ……………… 136
- 基本の動詞② ……………… 138
- 基本の動詞③ ……………… 140
- 【感情】動詞＆形容詞 ……… 142
- 基本の形容詞 ……………… 144
- 日・月・年 ………………… 146
- 時間の流れ ………………… 147
- 暦 …………………………… 148
- 位置・方向 ………………… 149
- 食事 ………………………… 150
- 果物 ………………………… 151
- 食材・野菜 ………………… 152
- 飲み物・デザート ………… 153
- 身体の名前 ………………… 154
- 家族 ………………………… 155
- 商品・品物 ………………… 156
- 色 …………………………… 158
- 病気・怪我 ………………… 159
- 交通機関 …………………… 160
- 通信 ………………………… 161
- 動物・植物 ………………… 162
- 類別詞 ……………………… 163
- インドネシア料理 ………… 164
- 観光スポット ……………… 165

本書は ❶入門講座 ❷場面別 フレーズ集 ❸カテゴリー別 単語集 の3本立てで構成されていて、❶と❷はインドネシア語の発音が CD に収録されています。

インドネシア語の読みには、「カタカナ表記」を併記しました。インドネシア語を読み慣れるまではこちらを参考に発音の練習をして下さい。

❶入門講座

インドネシア語の基礎を「発音」「数字」「文法」に分けて、日本人が分かりやすいよう丁寧にかつ簡単に解説してありますので、誰でも気軽に短時間で楽しくインドネシア語を勉強できます。

❷場面別 フレーズ集

インドネシア語を勉強していなくてもすぐに使えます。インドネシア語を併記していますので、どうしても発音が伝わらなかったら、その文章をインドネシア人に見せて読んでもらいましょう。

左ページには文章、右ページには置き換えることの出来る単語があります。単語を置き換えてみると日本語として違和感のある文章になることがありますが、インドネシア語的にはそのまま使っても大丈夫です。

本書の特長と使い方

インドネシア語には単語ごとに日本語の意味ルビを記載しています。単語の意味がわかると内容が理解しやすくなり、自然と文章が頭に入っていきます。またフレーズによっては思わぬ単語を使っていて、覚えるきっかけになります。

> 例 Sangat manis！＝ カワイイですね！
> Sangat（とても）とmanis（甘い）で「カワイイですね！」になります。

❸カテゴリー別 単語集

よく使う単語約 650 語をカテゴリーに分けて収録してあります。『場面別 フレーズ集』の入れ替え用として、自分で簡単な文章を作りたい時、表現力を高めるツールとして活用して下さい。

一夜漬け インドネシア語

Part 1 入門講座

- 発音講座
- 数字講座
- 文法講座

一夜漬け インドネシア語発音講座

インドネシア語は、日本語をローマ字で表記するときのルールで発音すれば基本的に通じます。究極を言えば、母音の「e」「e'」「u」、子音の「l」と「r」の区別さえ付ければきっと理解してくれるはずです。恥ずかしがらずどんどん声に出してみましょう。

インドネシア語のアルファベット

インドネシア語の表記にはアルファベットを使いますが英語とは読み方が少し異なります。

A a	B b	C c	D d	E e
アー	ベー	チェー	デー	エー
F f	G g	H h	I i	J j
エフ	ゲー	ハー	イー	ジェー
K k	L l	M m	N n	O o
カー	エル	エム	エン	オー
P p	Q q	R r	S s	T t
ペー	キー	エル	エス	テー
U u	V v	W w	X x	Y y
ウー	フェー	ウェー	エクス	イェー
Z z				
ゼッ(ト)				

❖ LとRの違いについて ❖

「L」は基本的に日本語のラ行の発音で問題ありませんが、「R」は英語以上に強い巻き舌で発音します。イタリア語やスペイン語などでよく聞かれる巻き舌に近いと考えてください。ただ、強い巻き舌が出来なくても問題はありません。舌先を上歯茎に付けないようにして発音すればたいていは通じます。

インドネシア語の母音

インドネシア語の母音は「a, i, u, e, e', o」の6種類だけです。
ただし「u」、「e'」、「e」の発音の区別には注意が必要です。

● 日本語とほぼ同じ発音の母音……4種類

	母音	読み	発音のポイント	単語例
1	a	ア	日本語と同じだが短かめに発音	N**a**m**a** [ナマ] 名前
2	i	イ	日本語と同じだが短かめに発音	**I**kan [イカン] 魚
3	e'	エ	日本語と同じだが短かめに発音	P**e'**ta [ペタ] 地図 ※通常は「peta」と表記されます。
4	o	オ	日本語と同じだが短かめに発音	T**o**k**o** [トコ] 店

● 日本語とは違う発音の母音……2種類

	母音	読み	発音のポイント	単語例
5	u	ウ	唇をすぼめてぐっと前に突き出し「ウ」と強く発音	S**u**s**u** [スス] ミルク
6	e	ウ	口をあまり開かず「エ」の口の形で「ウ」を短めに発音	S**e**kolah [スコラッ] 学校

「e'」と「e」の違いについて

本書では発音の違いを分かりやすく区別するため「e」の右上に記号「'」を付けた「e'」という表記方法を用いています。通常インドネシア語の文書では全て「e」と表記されています。区別するルールはなく、残念ながら慣れる以外に方法がありません。

例 「e'」「e」を区別して発音してみましょう

❶ **E'**nak ✗ ゥナッ(ク) ⇒ ○ [エナッ(ク)] おいしい ※通常は Enak と表記される。
❷ T**e**man ✗ テマン ⇒ ○ [トゥマン] 友達
❸ S**e**lamat jalan！ ✗ セラマッ(ト)ジャラン
　　　　　　　⇒ ○ [スラマッ(ト)ジャラン] さようなら

● 2重母音……3種類

インドネシア語には母音の文字2つで構成される2重母音と呼ばれるものが3つあります。

	母音	読み	単語例	備考
1	ai	アイ	Sampai [サンパイ] 到着する Bagaimana [バガイマナ] どのように、いかがですか	口語では、Sampai [サンパイ] が [サンペイ] というように ai [アイ] が [エイ] と発音されることがあります。ただ、基本は [アイ] と覚えておきましょう。
2	au	アウ	Pulau [プラウ] 島 haus [ハウス] 喉が渇く	au も ai と同様に au [アウ] が [オゥ] と発音されることがありますが、基本は [アウ] と覚えておきましょう。
3	oi	オイ	Sepoi [スポイ] （風が）そよそよと	発音は「オイ」のみ

❖ 「母音」と「子音」って？ ❖

● 「母音」って？ … 日本語で言うところの「a／ア」「i／イ」「u／ウ」「e／エ」「o／オ」です。50音の「ん」以外の文字は伸ばして発音すると、音も口の形も必ず最後は「ア・イ・ウ・エ・オ」になりますよね。

● 「子音」って？ … 例えば「さくら（桜）」という日本語をローマ字表記で分解すると sakura ⇒ sa + ku + ra ⇒ s + a　k + u　r + a というように母音と組み合わせなければ発音できない文字がありますよね？これら [s] [k] [r] のことを子音と言い、唇や舌などを使って空気の流れを変えて音を作ります。

アクセントとイントネーションについて

インドネシア語ではアクセントの違いで用法の違いや意味の違いが生じることはありません。基本的にアクセントは、単語の最後から2番目の音節（2音節の単語は最後の音節）にきます。もしその位置に母音の e（ゥ）がある場合には最後の音節に移ります。しかしアクセントの位置にそれほど気を配る必要はありません。実際には強調したい語、特に主語の場合は最後の音節を強く発音することの方が多いようです。イントネーションは、疑問文では「しり上がり」、それ以外では「しり下がり」となります。

 si a pa [スィアパ] ⇒ 誰　　　me me san [ムムサン] ⇒ 注文する
　　　① ② ③　　　　　　　　　　　　① ② ③

インドネシア語の子音

インドネシア語の子音は、母音と組み合わせて発音するローマ字読みのルールとほぼ同じです。ローマ字読みとは異なる注意すべき「子音」を見ていきましょう。

● 発音に注意すべき「子音」……7種類

	子音	読み	発音のポイント	単語例		
1	c [チェー]	「チャ」行	「カ」行の発音ではないことに注意	be'cak cepat cocok	[ベチャッ(ク)] [チュパッ(ト)] [チョチョッ(ク)]	三輪自転車タクシー 早い 似合う
2	h [ハー]	「ハ」行	音節の中間にある[h]はほとんど聞こえないことが多い	hati pahit tahu	[ハティ] [パヒッ(ト)] [タウ]	心 苦い 知る、知っている
3	j [ジェー]	「ジャ」行		jauh tujuh	[ジャウッ] [トゥジュッ]	遠い 数字の7
4	f [エフ] v [フェー]	「ファ」行	[f]と[v]はともに、上前歯で下唇を噛んで発音する英語の"f"と同じ発音	foto video	[フォト] [フィデオ]	写真 ビデオ
5	l [エル]	「ラ」行	舌先を上歯茎の裏側に付けながら発音	lupa Juli	[ルパ] [ジュリ]	忘れる 7月
6	r [エル]	「ラ」行	強い巻き舌で発音	rokok kiri	[ロコッ(ク)] [キリ]	たばこ 左
7	s [エス]	「サ」行	[si]のみ「シ」ではなく「スィ」となる	sana sini	[サナ] [スィニ]	あそこ ここ

● 発音に注意すべき「子音＋母音」の組み合わせ……4種類

	子音＋母音	読み	単語例
1	ti	ティ	tiga［ティガ］数字の3
2	tu	トゥ	tua［トゥア］老いた、昔の
3	di	ディ	dia［ディア］彼/彼女
4	du	ドゥ	dua［ドゥア］数字の2

● 2重子音……4種類

「kh, ng, ny, sy」の4つは、2文字で1つの子音になる2重子音です。母音と組み合わせて発音します。

	2重子音	読み	発音のポイント	単語例
1	kh	「カァ」「ハァ」行	喉を鳴らす感じで強めに息を吐きながら「カッ」と「ハッ」を同時に出す	khas　　［ハァス］特別な khusus［クスス］特別な
2	ng	ン＋「ガ」行	「ガ」行に近いのですが、鼻から抜けるため［ンガ］のように発音	nggak　　［ンガッ(ク)］いいえ mengerti［ムングルティ］理解する
3	ny	「ニャ」行		nyamuk　［ニャムッ(ク)］蚊 nyonya　［ニョニャ］〜さん 　　　　　(既婚女性に対する敬称)
4	sy	「シャ」行		syarat　［シャラッ(ト)］条件 syukur［シュクル］感謝

● 「末子音」……13種類

単語の音節の最後に置かれる子音を「末子音」と言います。末子音ははっきりと発音されないものが多く、特に「k, p, t」が音節末に来たときはあまり聞き取れない音になるので、本書ではそれぞれのカタカナ読みを ッ(ク)、ッ(プ)、ッ(ト) と表記しています。

	末子音	読み	発音のポイント	単語例
1	b	ブ	日本語の[ブ]の[ゥ]の母音を出さないような感覚で	seba**b** [スバッブ] なぜなら
2	d	ド	[ドゥ]の音の[ゥ]を出さないような感覚で	maksu**d** [マッ(ク)スッド] 意味
3	f	フ	上前歯で下唇を軽く噛みながら[フ]と短く息を出す	akti**f** [アッ(ク)ティフ] 活発な
4	h	ッ	息を強く短めに[ハッ]と出す	susa**h** [スサッ] 難しい
5	k	ッ(ク)	日本語の「トラック」の[ク]を発音する直前の[ッ]で止める感じで	dudu**k** [ドゥドゥッ(ク)] 座る
6	l	ル	日本語の[ル]を軽めに発音	kapa**l** [カパル] 船
7	m	ム	口に力を入れず上下唇を合せて軽く[ム]と発音	mala**m** [マラム] 夜
8	n	ン	[ン]と聞こえるように口に力を入れず軽く[ヌ]と発音	cinci**n** [チンチン] 指輪
9	ng	ン	口をあけて[ン]と発音	Jepa**ng** [ジュパン] 日本
10	p	ッ(プ)	「イッパイ(一杯)」の[パ]を発音する直前の[ッ]で止める感じで	titi**p** [ティティッ(プ)] 予約する
11	s	ス	日本語の[ス]の[ゥ]の母音を出さないで軽く息を出す	pana**s** [パナス] 熱い
12	t	ッ(ト)	「イットウ(一頭)」の[ト]を発音する直前の[ッ]で止める感じで	sediki**t** [スディキッ(ト)] 少し
13	r	ル	強い巻き舌で[ル]を発音	lapa**r** [ラパル] お腹がすく

 発音練習

1 母音 e' と e, u の違いを意識して発音しましょう！

pe'nde'k 〔ペンデッ(ク)〕………… 短い
pergi 〔プルギ〕………………… 行く
pulang 〔プラン〕………………… 帰る

2 子音 l と r の違いを意識して発音しましょう！

lupa 〔ルパ〕…………………… 忘れる
rajin 〔ラジン〕………………… 勤勉な
besar 〔ブサル〕………………… 大きい
kecil 〔クチル〕………………… 小さい

3 2重子音 kh, ng の発音を練習しましょう！

akhir 〔アッ(ク)ヒル〕………… 最後の
dingin 〔ディンギン〕…………… 寒い、冷たい

4 末子音の k, t, p の発音を練習しましょう！

cantik 〔チャンティッ(ク)〕…… きれい
melihat 〔ムリハッ(ト)〕………… 見る
mencicip 〔ムンチチッ(プ)〕……… 味見する

5 末子音の m, n, ng の発音を練習しましょう！

minum 〔ミヌム〕………………… 飲む
makan 〔マカン〕………………… 食べる
datang 〔ダタン〕………………… 来る

インドネシアの地図と概要

インドネシアの概要

正式名称	インドネシア共和国（Republik Indonesia）
首都	ジャカルタ（Jakarta）
面積	1,919,440km²
人口	244,800,000人（2012年）
通貨	ルピア（IDR）

国内総生産	7,071億ドル（2010年）	
総貿易額	輸出：1,577億ドル（2010年）	
	輸入：1,356億ドル（2010年）	
主要貿易相手国	輸出：1位 日本、2位 中国、3位 米国	
	輸入：1位 中国、2位 日本、3位 シンガポール	
在留邦人数	11,701人（2010年）	
在日尼人数	25,546人（2009年）	

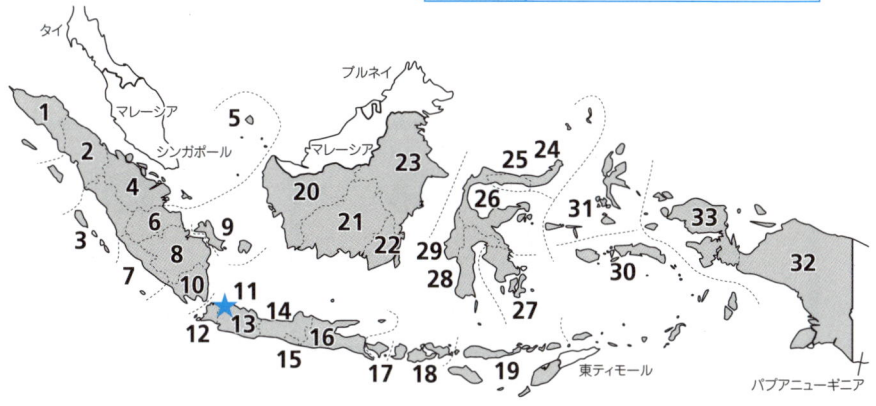

インドネシアの地方行政区画

スマトラ島
1 ナングロ・アチェ・ダルサラーム州
2 北スマトラ州
3 西スマトラ州
4 リアウ州
5 リアウ諸島州
6 ジャンビ州
7 ブンクル州
8 南スマトラ州
9 バンカ・ブリトゥン州
10 ランプン州

ジャワ島
11 ジャカルタ首都特別州★
12 バンテン州
13 西ジャワ州
14 中部ジャワ州
15 ジョグジャカルタ特別州
16 東ジャワ州

小スンダ列島
17 バリ州
18 西ヌサ・トゥンガラ州
19 東ヌサ・トゥンガラ州

カリマンタン島
20 西カリマンタン州
21 中部カリマンタン州
22 南カリマンタン州
23 東カリマンタン州

スラウェシ島
24 北スラウェシ州
25 ゴロンタロ州
26 中部スラウェシ州
27 南東スラウェシ州
28 南スラウェシ州
29 西スラウェシ州

マルク諸島
30 マルク州
31 北マルク州

ニューギニア島
32 パプア州
33 西パプア州

一夜漬け インドネシア語 数字講座

CD 7

0 ノル nol	1 サトゥ satu	2 ドゥア dua
3 ティガ tiga	4 ウンパッ(ト) empat	5 リマ lima
6 ウナム enam	7 トゥジュッ tujuh	8 ドゥラパン delapan
9 スンビラン sembilan	10 スプルッ sepuluh	11 スブラス sebelas

```
12 → dua belas
13 → tiga belas
19 → sembilan belas
```

```
20 → dua puluh
30 → tiga puluh
91 → sembilan puluh satu
```

```
101 → seratus satu
250 → dua ratus lima puluh
999 → sembilan ratus
       sembilan puluh
       sembilan
```

十代の数 11〜19 〜ブラス **~belas**

十の位 〜プルッ **~puluh**

百の位 〜ラトゥス **~ratus**

入門講座

数字講座

千・万・十万の位 〜リブ **~ribu**

```
1.000.000 → sejuta / satu juta
10.000.000 → sepuluh juta
100.000.000 → seratus juta
900.000.000 → semblian ratus juta
```

百万〜億の位 〜ジュタ **~juta**

```
1.001 → seribu satu
2.500 → dua ribu lima ratus
10.001 → sepuluh ribu satu
25.000 → dua puluh lima ribu
100.001 → seratus ribu satu
```

1.000.000.000
→ satu milyar

1.000.000.000.000
→ satu trilyun

十億以上 〜ミリアル **~milyar**

〜兆 〜トリリウン **~trilyun**

数字のルール

1. **11** のみ satu belas ではなく、**belas** の前に1を表す **se**［ス］を つけて **sebelas** となります。

2. **10、100、1000** などは、それぞれの位を表す単語の前に **se** を つけて表します。　例 **se**ratus = 100　　**se**ribu = 1000

3. インドネシア語の数字は、これらの 19 個を組み合わせて全ての数字 を言い表すことができます。

4. インドネシア語では3桁ごとの区切りにピリオド［.］を使い、小数 点以下にコンマ［,］を使います。日本とは逆なので桁数の多い値段 などの表示は注意しましょう。例 10.000,00（= 日本式 10,000.00）

●ちょっと練習 CD8

① **23** ドゥア プルッ ティガ
dua puluh tiga

② **51** リマ プルッ サトゥ
lima puluh satu

③ **167** スラトゥス ウナム プルッ トゥジュッ
seratus enam puluh tujuh

④ **222** ドゥア ラトゥス ドゥア プルッ ドゥア
dua ratus dua puluh dua

⑤ **4.321** ウンパッ(ト) リブ ティガ ラトゥス ドゥア プルッ サトゥ
empat ribu tiga ratus dua puluh satu

⑥ **19.999** スンビラン ブラス リブ スンビラン ラトゥス スンビラン プルッ スンビラン
sembilan belas ribu sembilan ratus sembilan puluh sembilan

●電話番号の言い方 CD8

特別な決まりはありませんが、3桁‐3桁‐4桁で区切り、3桁目の数字を上がり調子、最後の数字は下がり調子で発音してみましょう。

0 2 1 - 1 2 3 - 4 5 6 7

0	2	1	1	2	3	4	5	6	7
コソン*	ドゥア	サトゥ	サトゥ	ドゥア	ティガ	ウンパッ(ト)	リマ	ウナム	トゥジュッ
kosong	dua	satu	satu	dua	tiga	empat	lima	enam	tujuh

※電話番号や部屋番号の「0」は **Nol**（ノル）以外に **Kosong**（コソン）という言い方がありますので覚えておきましょう。

✦ インドネシアのお金 ✦

　インドネシアのほとんどの空港や町中の銀行やマネーチェンジャーで日本円をルピアに両替することが可能です。ただ、注意が少し必要です。

　ルピアは桁数が多く、たとえば10万円を両替すると大量の札束となって手渡され、実際自分がいくらもらったのかわからなくなってしまいます。

　悪質な両替商になると外国人が混乱することを理由に、わざと少なめに札を渡されることがあります。

　そこで、両替時は必ず受け取るルピアの金額を紙に書いてもらった上で、札一枚一枚を数えてもらう時は目を離さないようにし、手渡しされた後も両替商の目の前で再度確認するようにしましょう。現在のレートは100ルピア＝1円。ルピアを2桁減らせば日本円に換算できます。

物の数え方 　類別詞　（Part3 単語集 P.163 参照）

① 数を強調する数え方

数字 ＋ 類別詞 ＋ 名詞

ティガ オラン アナッ(ク)
tiga orang anak
＝子供が3人

※ 数が1の場合のみ satu＋類別詞 は se＋類別詞に変化します。
例）1人＝ seorang [スオラン]

② 名詞を強調する数え方

名詞 ＋ 数字 ＋ 類別詞

アナッ(ク) ティガ オラン
anak tiga orang
＝3人の子供

※ 数字と類別詞の順番を入れ替えたり、離すことは出来ない。

③ 序数的な数え方

Ke [ク] ＋ 数字

クドゥア
kedua
＝2番目

※「1番目」のみ、kesatu [クサトゥ]ではなく、pertama [プルタマ]に変化します。

④ お金の数え方

数字 ＋ 通貨単位

リマ リブ ルピアッ
lima ribu rupiah
Rp. 5.000,-
＝5千ルピア

※ インドネシアの通貨は ルピア
（1円≒約100ルピア）
表記は " Rp. ＋数字 " ですが、発音は " 数字＋ rupiah" となります。

Point
インドネシア語には多様な類別詞が存在しますが（P.163に一部掲載）基本的な類別詞を3つだけ覚えれば、ほとんどの事物を数えることが可能です。人間には orang [オラン] ＝「〜人」、動物には e'kor [エコル] ＝「〜頭、匹、尾、羽」を単数・複数に関係なく使います。e'kor は大きさも種類も関係なく、人間以外のすべての動物に使えます。人間と動物以外の"物"は buah [ブアッ] ＝「〜個」を使います。建物や乗り物から植物や果物、国や山に至るまで、ほとんどの物はこの buah だけで数えることが出来るのです。

インドネシア語文法講座

インドネシア語の語順

● インドネシア語の平叙文の基本語順は英語とほぼ同じ『主語＋動詞＋目的語』です。英語との大きな違いは、①「Be動詞」(is/am/are)にあたる語は基本的に必要ないこと、②被修飾語（名詞）のあとに修飾語（形容詞）が来るということです。

① 主語 ＋ 述語 (名詞／形容詞／動詞など)

サヤ タナカ　　[Saya Tanaka]
「私は田中です。」▶ 私 ＋ 田中

イニ マンガ　　[Ini mangga]
「これはマンゴーです。」▶ これ ＋ マンゴー

イニ マハル　　[Ini mahal！]
「これは高いです！」▶ これ ＋ 高い

サヤ マカン　　[Saya makan]
「私は食べます。」▶ 私 ＋ 食べる

サヤ マンディ　　[Saya mandi]
「私はシャワーを浴びます（入浴する）。」
　　▶ 私 ＋ シャワーを浴びる

② 主語 ＋ 述語 ＋ 目的語

サヤ マカン ナナス　　[Saya makan nanas.]
「私はパイナップルを食べます。」
▶ 私 ＋ 食べる ＋ パイナップル

③ 被修飾語（名詞）＋ 修飾語（名詞／代名詞／形容詞など）

オラン ジュパン　　[orang Jepang]
「日本人」▶ 人 ＋ 日本

ホテル イニ　　[hote'l ini]
「このホテル」▶ ホテル ＋ この

モビル バル　　[mobil baru]
「新しい車」▶ 車 ＋ 新しい

● 例外として、数量を表わす語句などは基本的に前から修飾します。

バニャッ(ク) オラン　　[banyak orang]
「たくさんの人」▶ たくさん ＋ 人

ティガ ブアッ モビル　　[tiga buah mobil]
「3台の車」▶ 3台 ＋ 車

- 名詞を二つ以上の修飾語で修飾する場合は、「中心となる名詞 + 一般的な修飾語 + 所有者 + 指示代名詞」の形をとります。

「このアディの新しい車はとても高価だ。」

モビル バル アディ イニ サンガッ(ト) マハル [mobil baru Adi ini sangat mahal]
　　　　　　　　　　　　　　　　　　　　　　　車　新しい　アディ　この　とても　高い

「私はこのアディの新しい車が好きです。」

サヤ スカ モビル バル アディ イニ [Saya suka mobil baru Adi ini]
　　　　　　　　　　　　　　　　　　私　好き　車　新しい　アディ　この

声に出してみよう！ 〜語順〜

❶「彼／彼女はインドネシア人です。」

　ディア オラン インドネシア [Dia orang Indone'sia.]
　彼／彼女 + 人 + インドネシア

❷「私はインドネシア語を勉強します。」

　サヤ ブラジャル バハサ インドネシア
　[Saya belajar bahasa Indone'sia.]
　私 + 勉強する + 語（言語）+ インドネシア

❸「このホテルはきれいです。」

　ホテル イニ ブルスィッ [Hote'l ini bersih]
　ホテル + この + きれいな（清潔な）

Point

「いつ」+「誰が」+「どうする」+「何を」+「どこで」
という順番で文章を組みたてればほとんどの場合うまく通じます。

「月曜日、ここで私はインドネシア語を勉強します。」
ハリ スニン サヤ ブラジャル バハサ インドネスィア ディ スィニ
[Hari Senin, saya belajar bahasa Indone'sia di sini.]
月曜日 + 私は + 勉強する + インドネシア語 + ここで

敬称

● インドネシア語には丁寧語、謙譲語、尊敬語が基本的にありません。ただ、相手を呼びかける場合の他、平叙文、疑問文、依頼文などで、名前の前や文頭もしくは文末に「敬称」を付け足すことでうんと丁寧な表現になります。これらの敬称はまた、初対面で名前を知らない、または名前を忘れてしまった場合でも、単独で使える便利な表現です。

1 見た感じ30代以上の男性及び若くても既婚の男性

パッ(ク) [**Pak**] もしくは **バパッ(ク)** [**Bapak**]

▲ **Pak** は **Bapak** の省略形。もともとはお父さんの意味です。

2 見た感じ30代以上の女性及び若くても既婚の女性

ブ [**Bu**] もしくは **イブ** [**Ibu**]

▲ **Bu** は **Ibu** の省略形。もともとはお母さんの意味です。

3 高校生以上の若い男性

マス [**Mas**]

▲丁寧なジャワ方言

4 高校生以上の若い女性

ンバッ(ク) [**Mbak**]

▲丁寧なジャワ方言

5 小学生程度の男女の子ども

ナッ(ク) [**Nak**] または、**デ** [**De'**]

▲ **Nak** は **Anak**（こども）、**De'** は **Adik**（弟/妹）の省略形です。
▲ **Nak** は主にイスラム教徒の間で使われます。

> 呼びかけ＆
> 敬称の練習！

● 名前の場合、敬称は称・名にかかわらず文頭におきます。

① 「田中さん」（例 50 代男性）
> パッ(ク) タナカ
> [Pak Tanaka.]

② 「リビアさん」（例 40 代の既婚女性）
> イブ リフィア
> [Ibu Livia.]

③ 「お兄さん」
（例 名前のわからない顔見知りや、若い男性店員を呼ぶときなど）
> マス
> [Mas.]

● 文章の場合、敬称は一般的に文末に置くのが好まれます。

④ 「ユニさん、ありがとうございます」（例 10 代後半の女の子）
> ＊トゥリマ カスィッ, ンバッ(ク) ユニ
> [Terima kasih, Mbak Yuni]

⑤ 「おいくらですか？」（例 中年以上の男性に対して）
> ＊ブラパ, パッ(ク)？
> [Berapa, Pak ?]

 ＊トゥリマ カスィッ [terima kasih] —— ありがとう　＊ブラパ [berapa] —— いくら

💠 インドネシア人の名前 💠

日本人には姓と名がありますが、インドネシア人には一部の例外を除いて名前しかありません。また、一般的には名前のほかに友達や家族が呼ぶ名前をもっています。

人称代名詞

1人称	▶	「私」	………………自分のこと
2人称	▶	「あなた」	…………自分と話している相手
3人称	▶	「彼/彼女」	………私とあなたがいて、その他の人（動物、物）

1人称

単数　サヤ [Saya] ： 私

英語でいう ❶ I（私は） ❷ my（私の） ❸ me（私を）
すべての役割を果たします。

❶ 私はインドネシア人です。
　サヤ　オラン　インドネスィア
　[Saya　orang　Indone'sia.]

❷ 私の本
　ブク　サヤ
　[Buku　saya.]

❸ 彼／彼女は私を（が）好きです。
　ディア　スカ　サヤ
　[Dia　suka　saya.]

複数　カミ [Kami] ： 私達（話し相手を含まない）
　　　　キタ [Kita] ： 私達（話し相手を含む）

たとえば日本人2人、インドネシア人3人で雑談していたとします。日本人二人は日本食レストランに行く予定にしています。2人だけで行くことを伝える場合はカミ [kami] になります。もしキタ [kita] を使った場合、話し相手を含むことになるので5人で行きましょうという解釈になります。

❶ 私たちは日本料理のレストランへ行きます。（日本人2人で）
　カミ　プルギ　ク　レストラン　ジュパン
　[Kami　pergi　ke　re'storan　Jepang.]

❷ 日本料理のレストランへ行きましょう！（日本人＆インドネシア人5人で）
　マリ　キタ　プルギ　ク　レストラン　ジュパン
　[Mari　kita　pergi　ke　re'storan　Jepang！]
　▲「Mari + kita」で（〜しましょう！）という構文になります。

2人称

単数 アンダ [Anda] ：あなた

英語でいう ❶ you（あなたは） ❷ your（あなたの） ❸ you（あなたを）すべての役割を果たします。

❶ あなたはインドネシアが好きです。
アンダ スカ インドネシィア
[**Anda** suka Indone'sia.]

❷ あなたの名前
ナマ アンダ
[nama **Anda**]

❸ 私はあなたを手伝います。
サヤ ムンバントゥ アンダ
[Saya membantu **Anda** .]

複数 アンダ スカリアン [Anda sekalian]：あなた達

❶ あなた達は大学生です。
アンダ スカリアン マハスィスワ
[**Anda sekalian** mahasiswa.]

Point

この本ではあなたを指す場合、アンダ [Anda] を使っていますが、実際アンダ [Anda] は非常によそよそしい表現のため、友達同士などの親しい相手にはカム [kamu] を使います。また、目上の人に対しても使いません。慣れてきたら、相手の名前もしくはパッ(ク) [Pak]、ブ [Bu]、マス [Mas]、ンバッ(ク) [Mbak] のような敬称をうまく使ってみましょう。そうすることで、とても親しみのわく表現になります。(P.25 参照)

新出単語

[P.27]
＊ディア [Dia] ——— 彼／彼女は
＊ブルギ [pergi] ——— 行く
＊スカ [suka] ——— 好き／好む
＊ク [ke] ——— 〜へ／〜に

[P.28]
＊ムンバントゥ [membantu] ——— 手伝う
＊マハスィスワ [mahasiswa] ——— 大学生
＊スカリアン [sekalian] ——— 全て

[P.29]
＊ティンガル [tinggal] ——— 住む
＊グル [guru] ——— 先生
＊ディ [di] ——— 〜に

3人称・単数

単数 ディア [Dia]： 彼 / 彼女

英語でいう he / she（彼 / 彼女は）の役割を果たします。

❶ 彼 / 彼女は日本料理のレストランに行きます。
　　ディア プルギ ク レストラン ジュパン
　[**Dia** pergi ke re'storan Jepang.]

単数 ニャ [nya]： 彼 / 彼女 (の、を)

修飾語 his / her（彼 / 彼女の）と目的語 him / her（彼 / 彼女を）の意味で使用する場合にのみ、dia ではなく ニャ [nya]が一般的に使われます。主語では使われません。

❶ 彼 / 彼女の本
　　ブクニャ　　　　　ブク ディア
　[**buku**nya] ⇐ [buku dia]

❷ 私は彼 / 彼女を手伝います
　　サヤ ムンバントゥニャ　　　　サヤ ムンバントゥ ディア
　[Saya membantu**nya**.] ⇐ [Saya membantu dia.]

複数 ムレカ [Mere'ka]： 彼 / 彼女達

英語でいう❶ they（彼ら / 彼女らは）・❷ their（彼ら / 彼女らの）
❸ them（彼ら / 彼女らを）の役割を果たします。

❶ 彼 / 彼女らはバリに住んでいます。
　　ムレカ ティンガル ディ バリ
　Mere'ka tinggal di Bali.

❷ 彼 / 彼女らの先生
　　グル ムレカ
　Guru **mere'ka**.

Point ディア [Dia]や ムレカ [Mere'ka]も アンダ [Anda]同様に、目上の人に対して使うのは好ましくないのでなるべく敬称（パッ(ク) [Pak]や ブ [Bu]）や名前を使うよう心がけましょう。感覚的には日本語の場合と同じです。

指示代名詞

 CD 14

人や物を表す

イニ [Ini]：これ・この・これら
▲自分の手元に存在する

イトゥ [Itu]：それ・その・それら／あれ・あの・あれら
▲自分から離れているところに存在する

この人	オラン イニ	[Orang ini]
その人	オラン イトゥ	[Orang itu]
このホテル	ホテル イニ	[Hote'l ini]
あのホテル	ホテル イトゥ	[Hote'l itu]
このマンゴー	マンガ イニ	[Mangga ini]
そのマンゴー	マンガ イトゥ	[Mangga itu]
このバス	ビス イニ	[Bis ini]
あのバス	ビス イトゥ	[Bis itu]

場所を表す

● スィニ [sini] ここ，スィトゥ [situ] そこ，サナ [sana] あそこ
場所や方向を表す基本的な前置詞として ディ [di]「～で／～に」、ク [ke]「～へ」、ダリ [dari]「～から」があります。いっしょに覚えてしまいましょう。

ここで	ディ スィニ [di sini]	ここへ	ク スィニ [ke sini]	ここから	ダリ スィニ [dari sini]
そこで	ディ スィトゥ [di situ]	そこへ	ク スィトゥ [ke situ]	そこから	ダリ スィトゥ [dari situ]
あそこで	ディ サナ [di sana]	あそこへ	ク サナ [ke sana]	あそこから	ダリ サナ [dari sana]

存在＆所在

「いる」「ある」

主語 (場所) ＋ アダ [ada] ＋ 人 / 物

人 / 物 ＋ アダ [ada] ＋ 場所

❶ 「あそこに美しい人がいます。」
　　ディ サナ　アダ　オラン ＊チャンティッ(ク)
　　[Di sana ada orang cantik.]

❷ 「ここに日本食レストランがあります。」
　　ディ スィニ　アダ　＊レストラン ジュパン
　　[Di sini ada re'storan Jepang.]

❸ 「美しい人があそこにいます。」
　　オラン チャンティッ(ク)　アダ　ディ サナ
　　[Orang cantik ada di sana.]

❹ 「日本食レストランがそこにあります。」
　　レストラン ジュパン　アダ　ディ スィトゥ
　　[Re'storan Jepang ada di situ.]

▲ ❶と❸、❷と❹はニュアンス的には少し変わりますが、意味的には同じです。

新出単語
＊チャンティッ(ク) [cantik] ────── 美しい / 綺麗な
＊レストラン [re'storan] ────── レストラン

❖「持っている」

 主語(人) ＋ プニャ [punya] ＋ 物

● 人が「●●を持っています」という所有を意味する表現です。
英語で言う『主語 ＋ has / have』の言い回しです。

❶「彼 / 彼女はトヨタの車を持っています。」

> ディア プニャ* モビル トヨタ
> [Dia punya mobil TOYOTA.]

❷「彼は日本語の本を持っています。」

> ディア プニャ ブク バハサ ジュパン
> [Dia punya buku bahasa Jepang.]

❸「私はバリ人の友達がいます。」

> サヤ プニャ *トゥマン オラン バリ
> [Saya punya teman orang Bali.]

 ＊モビル [mobil] ──── 車   ＊トゥマン [teman] ──── 友達

否定形

● 動詞・形容詞・副詞・助動詞などの述語部分を否定する場合は ティダッ(ク) [**Tidak**]、名詞・名詞節の場合は ブカン [**Bukan**] を否定する語の前に置いて否定文を作ります。

【基本】〜ではない

主語(人/物) + ティダッ(ク) [**tidak**] + 述語

●動詞・形容詞・副詞・助動詞などの述語部分を否定。

❶ 「私は行きません。」

　　サヤ　ティダッ(ク)　プルギ
　　[**Saya tidak pergi.**]

❷ 「彼/彼女はパパイヤが好きではありません。」

　　ディア　ティダッ(ク)　スカ　プパヤ*
　　[**Dia tidak suka pepaya.**]

❸ 「これは高くありません。」

　　イニ　ティダッ(ク)　マハル
　　[**Ini tidak mahal.**]

❹ 「ここに田中さんという方はいません。」

　　ディ　スィニ　ティダッ(ク)　アダ　パッ(ク)　タナカ
　　[**Di sini tidak ada Pak Tanaka.**]

　*プパヤ [**pepaya**] ──── パパイヤ

主語(人/物) ＋ ブカン [bukan] ＋ 名詞　　　

●名詞・名詞節を否定。

❶ 「彼 / 彼女は日本人ではありません。」

> ディア ブカン オラン ジュパン
> [Dia bukan orang Jepang.]

❷ 「あれは英語の本ではありません。」

> イトゥ ブカン ブク バハサ イングリス
> [Itu bukan buku bahasa Inggris.]

【応用】まだ～ない

主語(人/物) ＋ ブルム [belum] ＋ 述語

●述語部分が「まだ～ない」、つまりまだ達していない時に使います。

❶ 「私はまだ行きません。」

> サヤ ブルム プルギ
> [Saya belum pergi.]
> ▲比較：saya tidak pergi ＝では「私は行きません」という意味になります。

❷ 「このマンゴーはまだ熟していない。」

> マンガ イニ ブルム ＊マタン
> [Mangga ini belum matang.]
> ▲比較：「Mangga ini **tidak** matang」だと「このマンゴーは熟しません」という意味になってしまうので注意しましょう。

 ＊マタン [matang] ───── 熟した(形容詞)

疑問形 Part 1

【基本】「はい」、「いいえ」で答えられる疑問文

アパカッ [Apakah] ＋ 平叙文

●平叙文の文頭に「アパカッ」[Apakah] をつけると、単純な疑問文を作ることができます。ちょっと語尾を上げる感じで発音します。

❶ 「田中さんは行きますか？」

アパカッ　パッ(ク) タナカ プルギ
[**Apakah** Pak Tanaka pergi ?]

はい　ヤ, ディア プルギ [Ya, dia pergi.]
いいえ　ティダッ(ク), ディア ティダッ(ク) プルギ [Tidak, dia tidak pergi.]

❷ 「あなたは日本人の友達がいますか？」

アパカッ　アンダ プニャ トゥマン オラン ジュパン
[**Apakah** Anda punya teman orang Jepang ?]

はい　ヤ, サヤ プニャ [Ya, saya punya.]
いいえ　ティダッ(ク), サヤ ティダッ(ク) プニャ [Tidak, saya tidak punya.]

❸ 「彼 / 彼女は日本人ですか？」

アパカッ　ディア オラン ジュパン
[**Apakah** dia orang Jepang ?]

はい　ヤ, ディア オラン ジュパン [Ya, dia orang Jepang.]
いいえ　ブカン, ディア ブカン オラン ジュパン
[Bukan, dia bukan orang Jepang.]

【応用】否定疑問文

アパカッ [Apakah] ＋ 否定文

● 平叙文の疑問形（P.35）同様、否定文の前に「アパカッ」[Apakah] を置くことで否定疑問文の完成です。

❶ 「田中さんは行かないのですか？」

アパカッ パッ(ク) タナカ ティダッ(ク) プルギ
[Apakah Pak Tanaka tidak pergi ?]

回答

| はい、彼は行きません | ヤ, ディア ティダッ(ク) プルギ [Ya, dia tidak pergi.] |
| いいえ、彼は行きます | ティダッ(ク), ディア プルギ [Tidak, dia pergi.] |

❷ 「あなたは日本人の友達がいないのですか？」

アパカッ アンダ ティダッ(ク) プニャ トゥマン オラン ジュパン
[Apakah Anda tidak punya teman orang Jepang ?]

回答

| はい、いません | ヤ, サヤ ティダッ(ク) プニャ [Ya, saya tidak punya.] |
| いいえ、います | ティダッ(ク), サヤ プニャ [Tidak, saya punya.] |

❸ 「彼/彼女はインドネシア人ではないのですか？」

アパカッ ディア ブカン オラン インドネシア
[Apakah dia bukan orang Indone'sia ?]

回答

| はい、インドネシア人ではありません | ヤ, ディア ブカン オラン インドネシア [Ya, dia bukan orang Indone'sia.] |
| いいえ、インドネシア人です | ブカン, ディア オラン インドネシア [Bukan, dia orang Indone'sia.] |

疑問形 Part 2

🎧 CD 18

What ～Apa? [～アパ?] 「なに?」

① これは何ですか？　　　　　イニ アパ [**Ini apa** ?]
　回答 これはリンゴです。　　　イニ アプル [**Ini apel.**]

② あなたは何を食べますか？　アンダ マカン アパ
　　　　　　　　　　　　　　[**Anda makan apa** ?]
　回答 私はパパイヤを食べます。サヤ マカン ププヤ
　　　　　　　　　　　　　　[**Saya makan pepaya.**]

③ 彼/彼女は何語を勉強していますか？
　　　　　　　　　　　ディア ブラジャル バハサ アパ
　　　　　　　　　　　[**Dia belajar bahasa apa** ?]
　回答 彼/彼女は日本語を勉強しています。
　　　　　　　　　　　ディア ブラジャル バハサ ジュパン
　　　　　　　　　　　[**Dia belajar bahasa Jepang.**]

When Kapan～? [カパン～?] 「いつ?」

① いつ彼/彼女は来ますか？　カパン ディア ダタン*
　　　　　　　　　　　　　[**Kapan dia datang** ?]
　回答 今日彼/彼女は来ます。ハリ イニ ディア ダタン
　　　　　　　　　　　　　[**Hari ini dia datang.**]

② いつ帰りますか？　　　　カパン アンダ プラン*
　　　　　　　　　　　　　[**Kapan Anda pulang** ?]

新出単語　*ダタン [**datang**] ──── 来る　　*プラン [**pulang**] ──── 帰る

入門講座　文法講座

37

Where　Mana ［マナ］「どこ？」

❶ 彼 / 彼女は**どこ**に**います**か？　　ディア アダ ディ マナ
　　　　　　　　　　　　　　　　　　[**Dia ada di mana ?**]

　回答　彼 / 彼女はホテルにいます。　　ディア アダ ディ ホテル
　　　　　　　　　　　　　　　　　　[**Dia ada di hote'l.**]

❷ ティナさんは**どこへ**行きますか？　ティナ プルギ ク マナ
　　　　　　　　　　　　　　　　　　[**Tina pergi ke mana ?**]

　回答　ティナさんは市場へ行きます。　ティナ プルギ ク パサル
　　　　　　　　　　　　　　　　　　[**Tina pergi ke pasar.**]

Why　Kenapa~? ［クナパ～？］「なぜ？」

Because カルナ [**Karena**] = なぜなら〜

「Kenapa」も「Karena」も一般的には文頭に置きます。

❶ なぜあなたはインドネシアが好きなのですか？
　　　　　クナパ アンダ スカ インドネスィア
　　　　[**Kenapa Anda suka Indone'sia ?**]

　回答　なぜならインドネシア人の方々がとても親切だからです。
　　　　　カルナ オラン インドネスィア サンガッ(ト)* バイッ(ク)*
　　　　[**Karena orang Indone'sia sangat baik.**]

❷ なぜ彼 / 彼女は日本語を勉強しているんですか？
　　　　　クナパ ディア ブラジャル バハサ ジュパン
　　　　[**Kenapa dia belajar bahasa Jepang ?**]

　回答　なぜなら彼 / 彼女は日本人の恋人がいるからです。
　　　　　カルナ ディア プニャ パチャル* オラン ジュパン
　　　　[**Karena dia punya pacar orang Jepang.**]

新出単語
*サンガッ(ト) [sangat] ──── とても　　*バイッ(ク) [baik] ──── 親切な
*パチャル [pacar] ──── 恋人

Who Siapa ［スィアパ］「だれ？」

🔘 CD 18

❶ あなたの名前は何ですか？

スィアパ ナマ アンダ
[Siapa nama Anda ?]

回答 私の名前はアラムです。

ナマ サヤ アラム
[Nama saya Alam.]

▲インドネシア語では名前を尋ねるときに **Apa**（何）は使えません。注意しましょう。

❷ あの人は誰ですか？

スィアパ オラン イトゥ
[Siapa orang itu ?]

回答 あの人はアゼルです。

オラン イトゥ アゼル
[Orang itu Aze'r.]

❸ バリが好きなのは誰ですか？

スィアパ スカ バリ
[Siapa suka Bali ?]

回答 私のお母さんはバリが好きです。

イブ サヤ スカ バリ
[Ibu saya suka Bali.]

❹ これは誰の家ですか？

イニ ルマッ スィアパ
[Ini rumah siapa ?]

回答 これはマドゥの家です。

イニ ルマッ マドゥ
[Ini rumah Made.]

❺ 彼／彼女は誰とプランバナン⌒へ行きますか？

ディア プルギ ク *プランバナン *ドゥンガン スィアパ
[Dia pergi ke Prambanan dengan siapa ?]

回答 彼／彼女はインドネシア人の友達とプランバナン⌒へ行きます。

ディア プルギ ク プランバナン ドゥンガン トゥマン オラン インドネスィア
[Dia pergi ke Prambanan dengan teman orang Indone'sia.]

新出単語
*プランバナン [prambanan] ——— プランバナン（ジョグジャカルタの遺跡）
*ドゥンガン [dengan] ——— ～と（いっしょに）

入門講座

文法講座

How Bagaimana~? ［バガイマナ～？］ 「どのように～?」「～はどうですか?」

❶ どのようにしてここに来ましたか？

バガイマナ アンダ ダタン ク スィニ
[**Bagaimana** Anda datang ke sini ?]

回答 タクシーで来ました。

サヤ ダタン ナイッ(ク)* タクスィ
[Saya datang naik taksi.]

❷ インドネシアはどうですか？

バガイマナ インドネスィア
[**Bagaimana** Indone'sia ?]

回答 私はインドネシアが好きです。なぜなら食べ物が美味しいからです。

サヤ スカ インドネスィア カルナ マカナンニャ* エナッ(ク)
[Saya suka Indone'sia karena makanannya e'nak.]

Which ~Yang mana? ［～ヤン マナ?］ 「どの～?」

❶ あなたはどのバティックが好きですか？

アンダ スカ バティッ(ク) *ヤン マナ
[Anda suka batik **yang mana** ?]

回答 私はこちらのほうのバティックが好きです。

サヤ スカ バティッ(ク) ヤン イニ
[Saya suka batik yang ini.]

❷ どちらが美味しいですか？

エナッ(ク) ヤン マナ
[E'nak **yang mana** ?]

回答 こちらのほうが美味しいです。

エナッ(ク) ヤン イニ
[E'nak yang ini.]

新出単語
- ＊タクスィ [taksi] ──── タクシー
- ＊エナッ(ク) [e'nak] ──── おいしい
- ＊ヤン [yang] ──── ～の方の人／物／こと(P.42 参照)

How Berapa [ブラパ] 「いくつ?」「いくら?」「どれだけ?」

❶ あなたの家族は何人ですか？ *How many*

クルアルガ アンダ アダ ブラパ オラン
[keluarga Anda ada berapa orang ?]

回答 私の家族は3人です。　クルアルガ サヤ アダ ティガ オラン
[Keluarga saya ada tiga orang.]
→ 3

❷ これはいくらですか？ *How much*

ブラパ イニ [Berapa ini ?]

回答 これは3000ルピアです。　イニ ティガ リブ ルピアッ
[Ini tiga ribu rupiah.]
→ 3000

❸ あなたの年はいくつですか？ *How old*

ブラパ ウムル アンダ
[Berapa umur Anda ?]

回答 私の年は30歳です。　ウムル サヤ ティガ プルッ
[Umur saya tiga puluh.]
→ 30

よく使われる疑問詞を使ったフレーズ

ティダッ(ク) アパ-アパ [Tidak apa-apa.]	問題ありません。
カパン-カパン [Kapan-kapan.]	また今度ね。
スダン アパ [Sedang apa ?]	何してるの？
ダリ マナ [Dari mana ?] ★1	どこから来たの？
ク マナ [Ke mana ?] ★2	どこに行くの？

★1 初対面の場合はたいてい「どこ出身なのかな？」を意味します。すでに顔見知りの人が聞いてきた場合は挨拶代わりに「どこに遊びに行って帰ってきたのかな？」という意味合いで聞いています。
★2 「Dari mana?」同様に、挨拶代わりに「どこに遊びに行くのかな？」と聞いています。

新出単語
＊クルアルガ [keluarga] ― 家族　＊ティガ リブ [tiga ribu] ― 3000(ribu=1000の単位)
＊ティガ プルッ [tiga puluh] ― 30 (puluh = 10の単位) → 数字はP.18参照
＊ルピアッ [rupiah] ― (＝Rp.)インドネシアの通貨の単位 → 100Rp.≒約1円

関係代名詞「Yang」

ヤン [Yang] は、「対象を特定したり強調したりする」機能があります。英語でいう関係代名詞のニュアンスに近いです。それでは、基本的な用法を見てみましょう。

① ホテル ヤン バル [hote'l yang baru] = 新しいほうのホテル
　ホテル バル [hote'l baru] にすると、「新しいホテル」もしくは「ホテルは新しい」という捉え方が可能です。

② プルンプアン ヤン★1 チャンティッ(ク)★2 [perempuan yang cantik]
　= 綺麗なほうの女性
　★1 perempuan =女性　★2 cantik= 綺麗な、美しい

- プルンプアン チャンティッ(ク) [perempuan cantik] にすると、「綺麗な女性」もしくは「女性は綺麗です」という捉え方が可能です。

- ①、②の例文から「主語 + 形容詞」と「名詞 +（修飾語としての）形容詞」の区別をするためヤン [yang] を入れた方が意思を正確に伝えやすくなります。
　また、「名詞 + ヤン [yang]」という形だけではなく
　「名詞 + ヤン [yang] + 名詞／代名詞」
　「名詞 + ヤン [yang] +（主語）+ 動詞」という使い方が出来ます。

「名詞 + yang + 名詞／代名詞」
ホテル ヤン イニ [hote'l yang ini.]
= こちらのほうのホテル

「名詞 + yang + 主語 + 動詞」
ホテル ヤン サヤ ティンガル [hote'l yang saya tinggal.]
= 私が泊まっているほうのホテル

「名詞 + yang + 主語 + 動詞」
プルンプアン ヤン サヤ スカ [perempuan yang saya suka.]
= 私が好きなほうの女性

未来形

CD 19

【基本】～する予定

主語 + アカン [akan] + 動詞

●インドネシア語は単語の活用がなく、「過去・現在・未来」全て原型です。

❶ 「明日私は日本へ帰る予定です。」
   ベソッ(ク) サヤ アカン プラン ク ジュパン
   [Be'sok saya akan pulang ke Jepang.]

❷ 「私の母と父がインドネシアへ来る予定です。」
   イブ ダン* バパッ(ク) サヤ アカン ダタン ク インドネスィア
   [Ibu dan Bapak saya akan datang ke Indone'sia.]

❸ 「今日は暑くなるでしょう。」
   ハリ イニ アカン パナス*
   [Hari ini akan panas.]

◆新出単語（＊のついている単語）は次のページにあります。

【応用】～しない予定

主語 + ティダッ(ク) [tidak] + アカン [akan] + 動詞／形容詞／名詞など

❶ 「明日私はジャカルタへは行きません。」
   ベソッ(ク) サヤ ティダッ(ク) アカン プルギ ク ジャカルタ
   [Be'sok saya tidak akan pergi ke Jakarta.]

❷ 「明日は雨が降らないでしょう。」
   ベソッ(ク) ティダッ(ク) アカン フジャン*
   [Be'sok tidak akan hujan.]

【応用】未来形の疑問文

肯定疑問 アパカッ [Apakah] ／ 疑問詞 + 主語 + アカン [akan] + 動詞

❶ 「行く予定ですか？」

　アパカッ　アンダ　アカン　プルギ
　[Apakah Anda akan pergi ?]

❷ 「いつ行く予定ですか？」

　カパン　アンダ　アカン　プルギ
　[Kapan Anda akan pergi ?]

❸ 「どこに行く予定ですか？」

　アンダ　アカン　プルギ ク　マナ
　[Anda akan pergi ke mana ?]

否定疑問
アパカッ [Apakah] ／ 疑問詞 + 主語 + ティダッ(ク) [tidak] + アカン [akan] + 動詞

「日本へ帰らないつもりですか？」

　アパカッ　アンダ　ティダッ(ク)　アカン　プラン ク ジュパン
　[Apakah Anda tidak akan pulang ke Jepang ?]

> **Point** 未来を表すアカン [akan] は、ベソッ(ク) [be'sok]（明日）、ブラン ドゥパン [bulan depan]（来月）など、未来を表す単語があれば平叙文、否定文、疑問文全てにおいて省略が可能です。

新出単語
*ダン [dan] ──── 〜と　　*ハリ イニ [hari ini] ──── 今日
*フジャン [hujan] ──── 雨

現在進行形

CD20

【基本】～している

主語 ＋ スダン [sedang] ＋ 動詞/形容詞/名詞など

● インドネシア語は、単語の活用がなく、「過去・現在・未来」全て原型です。

① 「アディさんは食事をしているところ（食事中）です。」

パッ(ク) アディ スダン マカン
[Pak Adi sedang makan.]

② 「ススィさんは熱があります。」

ンバッ(ク) ススィ スダン ＊ドゥマム
[Mbak Susi sedang demam.]

【応用】～していない

主語 ＋ ティダッ(ク) [tidak] ＋ スダン [sedang] ＋ 動詞/形容詞/名詞など

「アディさんは食事中ではありません。」

パッ(ク) アディ ティダッ(ク) スダン マカン
[Pak Adi tidak sedang makan.]

【応用】まだ～である（状態）

主語 ＋ マスィッ [masih] ＋ 動詞/形容詞/名詞など

「アディさんはまだ食事をしています。」

パッ(ク) アディ マスィッ マカン
Pak Adi masih makan.

新出単語　＊ドゥマム [demam] ──── 熱がある

過去形

【基本】〜した（単純過去）

時を表す単語 ＋ 平叙文（主語＋動詞/形容詞/名詞など）

●インドネシア語は単語の活用がなく、「過去・現在・未来」全て原型です。「単に〜しました」という過去を表す場合、平叙文に「さっき」「昨日」「1ヶ月前」「昨年」「昔々」といった、時を表す単語を加えて表現します。

❶「さっき彼/彼女は私の家に来ました。」

タディ ディア ダタン ク ルマッ サヤ
[Tadi dia datang ke rumah saya.]

❷「昨日彼/彼女は私の家に来ました。」

クマリン ディア ダタン ク ルマッ サヤ
[Kemarin dia datang ke rumah saya.]

【応用】

疑問文　アパカッ [Apakah] ＋ 時を表す単語 ＋ 平叙文（主語＋動詞/形容詞/名詞など）

否定文　時を表す単語 ＋ 主語 ＋ ティダッ(ク) [tidak] ＋ 動詞/形容詞/名詞など

疑「昨日彼/彼女はあなたの家に来ましたか？」

アパカッ クマリン ディア ダタン ク ルマッ アンダ
[Apakah kemarin dia datang ke rumah Anda ?]

否「いいえ、昨日彼/彼女は私の家に来ませんでした。」

ティダッ クマリン ディア ティダッ(ク) ダタン ク ルマッ サヤ
[Tidak, kemarin dia tidak datang ke rumah saya.]

新出単語
- ＊タディ [tadi] ── さっき、先程
- ＊ルマッ [rumah] ── 家
- ＊ダタン [datang] ── 来る
- ＊クマリン [kemarin] ── 昨日

【基本】すでに〜した（動作の完了や状態の変化を表す過去）

主語 ＋ スダッ [sudah] ＋ 動詞／形容詞／名詞など

❶ 「彼／彼女は私の家にすでに来ました。」（動作の完了—今も家にいる）

> ディア スダッ ダタン ク ルマッ サヤ
> [Dia sudah datang ke rumah saya.]

❷ 「6時に彼／彼女は起きました。」（動作の完了）

> ジャム ゥナム ディア スダッ *バングン
> [Jam 6:00 dia sudah bangun.]

❸ 「私の母は良くなりました（快復しました）。」（状態の変化）

> イブ サヤ スダッ *スンブッ
> [Ibu saya sudah sembuh.]

【応用】

疑問文　アパカッ [Apakah] ＋ 主語 ＋ スダッ [sudah] ＋ 動詞／形容詞／名詞など
否定文　主語 ＋ ブルム [belum] ＋ 動詞／形容詞／名詞など

疑 「彼／彼女はすでにあなたの家に来ましたか？」

> アパカッ ディア スダッ ダタン ク ルマッ アンダ
> [Apakah dia sudah datang ke rumah Anda？]

否 「いいえ、彼／彼女はまだ私の家に来ていません。」

> ブルム、ディア ブルム ダタン ク ルマッ サヤ
> [Belum, dia belum datang ke rumah saya.]

新出単語　＊バングン [bangun] ── 起きる　＊スンブッ [sembuh] ── 快復する、良くなる

【基本】〜したことがある (経験を表す過去)

主語 ＋ プルナッ [pernah] ＋ 動詞/形容詞/名詞など

❶ 「彼 / 彼女は私の家に来たことがあります。」

　　ディア　プルナッ　ダタン　ク　ルマッ　サヤ
　　[Dia pernah datang ke rumah saya.]

❷ 「私は日本で働いたことがあります。」

　　サヤ　プルナッ　*ブクルジャ　ディ　ジュパン
　　[Saya pernah bekerja di Jepang.]

【応用】

疑問文　アパカッ [Apakah] ＋ 主語 ＋ プルナッ [pernah] ＋ 動詞/形容詞/名詞など
否定文　主語 ＋ ティダッ(ク) プルナッ [tidak pernah] ＋ 動詞/形容詞/名詞など

疑 「彼 / 彼女はあなたの家に来たことがありますか？」

　　アパカッ　ディア　プルナッ　ダタン　ク　ルマッ　アンダ
　　[Apakah dia pernah datang ke rumah Anda ?]

否 「いいえ、来たことはありません。」

　　ティダッ(ク)　ディア　ティダッ(ク)　プルナッ　ダタン　ク　ルマッ　サヤ
　　[Tidak, dia tidak pernah datang ke rumah saya.]

新出単語　*ブクルジャ [bekerja] ——— 働く

【基本】（つい先ほど）～したばかり・～したところ

主語 ＋ バル サジャ [baru saja] ＋ 動詞／形容詞／名詞など

❶ 「彼／彼女は私の家に来たところです。」

　　ディア *バル *サジャ ダタン ク ルマッ サヤ
　　[Dia baru saja datang ke rumah saya.]

❷ 「私たちはバリに到着したばかりです。」

　　キタ バル サジャ *サンパイ ディ バリ
　　[Kita baru saja sampai di Bali.]

どこに行くの？

現地の人とちょっと親しくなると、「マウ ク マナ」[mau ke mana ?] ＝「どこにいくの？」と聞かれることでしょう。これは友人に会ったときの一般的な挨拶で、どこに行くのか詳細を説明する必要はありません。笑顔で「ジャラン ジャラン サジャ」[Jalan jalan saja！] ＝「ぶらぶらしてるだけだよ！」と答えてみましょう。

新出単語
＊バル [baru] ──── 新しい　　＊サジャ [saja] ──── ～だけ
＊サンパイ [sampai] ──── 到着する

必要
「～しなければならない」

🎧 CD22

❖【基本】～しなければならない

主語 + ムスティ [mesti] + 動詞/形容詞/名詞など

① 「私は恋人のためにお土産を買わなければなりません。」
　　サヤ ムスティ *ムンブリ *オレッ-オレッ *ウントゥッ(ク) パチャル サヤ
　　[Saya mesti membeli ole'h-ole'h untuk pacar saya.]

② 「日曜日、私は働かなければなりません。」
　　*ハリ ミング サヤ ムスティ ブクルジャ
　　[Hari minggu saya mesti bekerja.]

❖【応用】

疑問文　アパカッ [apakah] + 主語 + ムスティ [mesti] + 動詞/形容詞/名詞など

「日曜日、私は働かなければなりませんか？」
　　アパカッ ハリ ミング サヤ ムスティ ブクルジャ
　　[Apakah hari minggu saya mesti bekerja ?]

否定文　主語 + ティダッ ムスティ [tidak mesti] + 動詞/形容詞/名詞など

「いいえ、日曜日あなたは会社に行く必要はありません。」
　　ティダッ(ク), ハリ ミング アンダ ティダッ(ク) ムスティ ブクルジャ
　　[Tidak, hari minggu Anda tidak mesti bekerja.]

新出単語
* ムンブリ [membeli] —— 買う
* ウントゥッ(ク) [untuk] —— ～のために
* オレッ-オレッ [ole'h-ole'h] —— お土産
* ハリ ミング [hari minggu] —— 日曜日

義務
「～するべき」

CD 23

【基本】～するべき

主語 + ハルス [harus] + 動詞/形容詞/名詞など

❶「あなたは病院に行くべきです。」
　　アンダ　ハルス　プルギ　ク　ルマッ　サキッ(ト)
　　[Anda harus pergi ke rumah sakit.]

❷「あなたは彼/彼女に会うべきです。」
　　アンダ　ハルス　ブルトゥム　ディア
　　[Anda harus bertemu dia.]

【応用】

疑問文 アパカッ [Apakah] + 主語 + ハルス [harus] + 動詞/形容詞/名詞など

「私は彼/彼女に会うべきですか？」
　　アパカッ　サヤ　ハルス　ブルトゥム　ディア
　　[Apakah saya harus bertemu dia ?]

否定文 主語 + ティダッ(ク)　ハルス [tidak harus] + 動詞/形容詞/名詞など

「今、あなたは彼/彼女に会うべきではありません。」
　　スカラン　アンダ　ティダッ(ク)　ハルス　ブルトゥム　ディア
　　[Sekarang Anda tidak harus bertemu dia.]

新出単語
*ルマッ サキッ(ト) [rumah sakit] —— 病院　　*ブルトゥム [bertemu] —— 会う
*スカラン [Sekarang] —————— 今

入門講座　文法講座

可能
「〜することができる」

CD 24

❖【基本】〜することができる

主語 ＋ ビサ [bisa] ＋ 動詞／形容詞／名詞など

❶「私はインドネシア語を話すことができます。」
　　サヤ　ビサ　ブルビチャラ　バハサ　インドネスィア
　　[Saya bisa berbicara bahasa Indone'sia.]

❷「ここでは日本人もバリ舞踊を勉強することができます。」
　　ディ スィニ オラン ジュパン ジュガ ビサ ブラジャル タリ バリ
　　[Di sini orang Jepang juga bisa belajar tari Bali.]

❖【応用】

疑問文　アパカッ [Apakah] ＋ 主語 ＋ ビサ [bisa] ＋ 動詞／形容詞／名詞など

「あなたはインドネシア語を話すことができますか？」
　　アパカッ　アンダ　ビサ　ブルビチャラ　バハサ　インドネスィア
　　[Apakah Anda bisa berbicara bahasa Indone'sia ?]

否定文　主語 ＋ ティダッ(ク) ビサ [tidak bisa] ＋ 動詞／形容詞／名詞など

「いいえ、私はインドネシア語を話すことができません。」
　　ティダッ(ク)、サヤ　ティダッ(ク) ビサ　ブルビチャラ　バハサ　インドネスィア
　　[Tidak, saya tidak bisa berbicara bahasa Indone'sia.]

新出単語
- ＊ブルビチャラ [berbicara] ── 話す
- ＊ブラジャル [belajar] ── 勉強する
- ＊ジュガ [juga] ── 〜も
- ＊タリ [tari] ── ダンス／舞踊

動作の欲求 「〜したい」

CD25

【基本】〜したい

主語 + マウ [mau] + 動詞／形容詞／名詞など

① 「私はインドネシア料理が食べたいです。」
サヤ マウ マカン マサカン* インドネシィア
[Saya mau makan masakan Indone'sia.]

② 「銀行に行きたいです。」
サヤ マウ プルギ ク バンッ(ク)
[Saya mau pergi ke bank.]

【応用】

疑問文 アパカッ [Apakah] + 主語 + マウ [mau] + 動詞／形容詞／名詞など

「あなたはインドネシア料理が食べたいですか？」
アパカッ アンダ マウ マカン マサカン インドネシィア
[Apakah Anda mau makan masakan Indone'sia ?]

否定文 主語 + ティダッ(ク) マウ [tidak mau] + 動詞／形容詞／名詞など

「いいえ、私はインドネシア料理を食べたくありません。」
ティダッ(ク) サヤ ティダッ(ク) マウ マカン マサカン インドネシィア
[Tidak, saya tidak mau makan masakan Indone'sia.]

新出単語　*マサカン [masakan] ─── 料理

入門講座　文法講座

物の欲求
「〜が欲しい」

CD26

🔹【基本】〜が欲しい

主語 ＋ マウ [mau] ＋ 動詞／形容詞／名詞など

❶「インドネシア人の恋人が欲しいです。」

> サヤ マウ パチャル オラン インドネスィア
> [Saya mau pacar orang Indone'sia.]

❷「（指をさしながら）これが欲しいです。」（＝これを下さい）

> サヤ マウ イトゥ
> [Saya mau itu.]

🔹【応用】

疑問文　アパカッ [Apakah] ＋ 主語 ＋ マウ [mau] ＋ 名詞

「あなたはインドネシア人の恋人が欲しいですか？」

> アパカッ アンダ マウ パチャル オラン インドネスィア
> [Apakah Anda mau pacar orang Indone'sia ?]

否定文　主語 ＋ ティダッ(ク) マウ [tidak mau] ＋ 名詞

「いいえ、私はインドネシア人の恋人が欲しくありません。」

> ティダッ(ク) サヤ ティダッ(ク) マウ パチャル オラン インドネスィア
> [Tidak, saya tidak mau pacar orang Indone'sia.]

🔹 買い物で使う mau 🔹

買い物で役立つのがこのマウ [mau] です。例えば屋台、市場、お土産屋さんで食べたいもの、欲しいものが見つかったら、以下のような使い方をしてみましょう。

[屋台のおばさん]：何にしますか？　　　　　マウ アパ　　[Mau apa?]
　　　　　　　　　いくつ欲しいですか？　　マウ ブラパ　[Mau berapa?]
[お客さん]　　　：これください(指差しながら)。マウ イニ　 [Mau ini.]
　　　　　　　　　三つください。　　　　　マウ ティガ　[Mau tiga.]

依頼 「~してもらえますか？」

CD27

❖ ~してもらえますか？（相手に何かをしてもらいたい場合）

トロン [**Tolong**] ＋ 動詞（＋目的語）

❶「もう一度くり返していただけますか？」

> トロン ウラン＊ スカリ ラギ＊
> [**Tolong** ulang sekali lagi.]

❷「ここに書いていただけますか？」

> トロン トゥリス＊ ディ スィニ
> [**Tolong** tulis di sini.]

❖ どうぞ~してください（相手に勧める場合）

スィラカン [**Silakan**] ＋ 動詞（＋目的語）

❶「どうぞお入りください。」

> スィラカン マスッ(ク)＊
> [**Silakan** masuk.]

❷「どうぞこのお菓子をお召し上がりください。」

> スィラカン マカン クエ＊ イニ
> [**Silakan** makan kue' ini.]

● トロン [Tolong]、スィラカン [Silakan] ともに冒頭や文末にパッ(ク) [Pak] やイブ [Ibu] などの敬称を付けるともっと丁寧になります。

● トロン [Tolong]、スィラカン [Silakan] の後ろに置く他動詞は少し複雑なルールがありますがここでは省略します。動詞の形はそれ程気にしなくても会話をする上では問題はありません。

新出単語
＊ウラン [ulang] ― 繰り返す　　＊スカリ ラギ [sekali lagi] ― もう一度
＊トゥリス [tulis] ― 書く　　＊マスッ(ク) [masuk] ― 入る　　＊クエ [kue'] ― お菓子

許可
「〜してもよろしいですか？」

CD28

◆ 〜してもよろしいですか？

ボレッ [Bole'h] ＋ 主語 ＋ 動詞 (＋目的語)

❶ 「これを見てもよろしいですか？」

　　ボレッ　サヤ　＊リハッ(ト)　イニ
　　[Bole'h saya lihat ini ?]

　↳ 回答
　　　いいですよ　ボレッ
　　　　　　　　[Bole'h.]
　　　だめですよ　ティダッ(ク) ボレッ
　　　　　　　　[Tidak bole'h.]

❷ 「あれを試してみてもよろしいですか？」

　　ボレッ　サヤ　＊チョバ　イトゥ
　　[Bole'h saya coba itu ?]

　↳ 回答
　　　いいですよ　ボレッ
　　　　　　　　[Bole'h.]
　　　だめですよ　ティダッ(ク) ボレッ
　　　　　　　　[Tidak bole'h.]

新出単語　＊リハッ(ト) [lihat] ──── 見る　　＊チョバ [coba] ──── 試す、〜してみる

禁止 & 命令
「〜しないで下さい」「〜して下さい」

🎵 CD29

✦ 〜しないでください

ジャンガン [**Jangan**] ＋ 動詞 (＋目的語)

❶ 「行かないで下さい。」
　　ジャンガン　プルギ
　　[**Jangan** pergi.]

❷ 「外出しないで下さい。」
　　ジャンガン　クルアル*
　　[**Jangan** keluar.]

✦ 〜して下さい

動詞 (＋目的語)

❶ 「少し待ってて下さい。」
　　トゥング* スブンタル
　　[Tunggu sebentar.]

❷ 「この果物を食べてみて下さい。」
　　チョバ　マカン　ブアッ　イニ
　　[Coba makan buah ini.]

● 冒頭や文末にパッ(ク) [**Pak**] やイブ [**Ibu**] などの敬称を付けるともっと丁寧になります。

| 新出単語 | ＊クルアル [keluar] ── 外出する、出る　　＊トゥング [Tunggu] ── 待つ |

勧誘 & 推奨
「〜しましょう」「〜する方がいい」

CD 30

🔹 〜しましょう

マリ キタ [**Mari kita**] ＋ 動詞 (＋目的語)
　　〜しよう　私達

▲ kita を省略することも可能です。

①「一緒にパダン料理を食べに行きましょう。」

マリ キタ　マカン　マサカン　パダン　サマ-サマ*
[**Mari kita** makan masakan Padang sama-sama.]

②「出発しましょう！」

マリ キタ　ブランカッ(ト)*
[**Mari kita** berangkat！]

🔹 〜する方がいい

ルビッ バイッ(ク) [**Lebih baik**] ＋ 動詞 (＋目的語)
　より〜　　良い

①「警察署に行ったほうがいいですよ。」

ルビッ バイッ(ク)　プルギ ク カントル ポリスィ*
[**Lebih baik** pergi ke kantor polisi.]

②「タクシーに乗るよりバスに乗ったほうがいいです。」

ルビッ バイッ(ク)　ナイッ(ク)* ビス* ダリパダ* ナイッ(ク) タクスィ
[**Lebih baik** naik bis daripada naik taksi.]

▲ P.61　比較級参照

新出単語
- ＊サマ-サマ [**sama-sama**] ─── 一緒に
- ＊カントル ポリスィ [**Kantor polisi**] ─── 警察署
- ＊ビス [**bis**] ─────────── バス
- ＊ブランカッ(ト) [**berangkat**] ─── 出発する
- ＊ナイッ(ク) [**naik**] ─────── 乗る
- ＊ダリパダ [**daripada**] ───── 〜よりも

入門講座／文法講座

推量 & 仮定
「〜かもしれない」「もし〜ならば」

CD31

🔹 〜かもしれない（推量）

ムンキン [**Mungkin**] ＋ 主語 ＋ 動詞／形容詞／名詞など

▲主語の後に mungkin をおくことも可能です。

❶ 「今晩私は外出するかもしれません。」

ムンキン マラム イニ サヤ クルアル
[**Mungkin** malam ini saya keluar.]

❷ 「私はあの人のことが好きかもしれません。」

ムンキン サヤ チンタ オラン イトゥ
[**Mungkin** saya cinta orang itu.]

🔹 もし〜ならば〜、〜も〜（仮定）

カラウ [**Kalau**] ＋ 仮定する文章 ＋ ジュガ [**juga**] ＋ 結果の文章
　　もし〜　　　　　　　　　　　　　〜も

❶ 「もしあなたがビールを飲むならば、私も飲みます。」

カラウ アンダ ミヌム ビル, サヤ ジュガ ミヌム ビル
[**Kalau** Anda minum bir, saya juga minum bir.]

❷ 「もし時間があれば、私も行きます。」

カラウ サヤ プニャ ワッ(ク)トゥ, サヤ ジュガ プルギ
[**Kalau** saya punya waktu, saya juga pergi.]

❸ 「もし辛くなければ、子どもたちも食べることができます。」

カラウ ティダッ(ク) プダス, アナッ(ク) - アナッ(ク) ジュガ ビサ マカン
[**Kalau** tidak pedas, anak-anak juga bisa makan.]

新出単語
- ＊マラム イニ [malam ini] —— 今晩
- ＊ミヌム [minum] —— 飲む
- ＊ワッ(ク)トゥ [waktu] —— 時間
- 〈プニャ ワッ(ク)トゥ [punya waktu] — 時間がある（＝時間を持つ）〉
- ＊アナッ(ク) - アナッ(ク) [anak-anak] — 子どもたち
- ＊チンタ [cinta] —— 愛する
- ＊ビル [bir] —— ビール
- ＊プダス [pedas] —— 辛い

同等・比較・最上
「同じくらい〜」「より〜」「最も〜」

CD32

💠 AはBと同じくらい〜です

A + サマ [sama] + 形容詞 -nya + ドゥンガン [dengan] + B

または A + ス [se]- 形容詞 + B

① 「これ と あれ/それ は同じくらい良いです。」

イニ サマ *バグスニャ ドゥンガン イトゥ
[Ini sama bagusnya dengan itu.]

② 「これ と あれ/それ は同じくらい良いです。」

イニ ス バグス イトゥ
[Ini sebagus itu.]

💠 AはBより〜である

A + ルビッ [lebih] + 形容詞 + ダリパダ [daripada] + B

① 「これ は あれ/それ よりも良いです。」

イニ ルビッ バグス ダリパダ イトゥ
[Ini lebih bagus daripada itu.]

② 「インドネシア は 日本 よりも暑いです。」

インドネシィア ルビッ パナス ダリパダ ジュパン
[Indone'sia lebih panas daripada Jepang.]

③ 「これ は あれ/それ よりも新しいですか？」

アパカッ イニ ルビッ バル ダリパダ イトゥ
[Apakah ini lebih baru daripada itu ?]

新出単語　*バグス [bagus] ——— 良い（物事など）

❖ Aは最も〜である

A ＋パリン [paling] ＋形容詞

❶ 「これ が最も良いです。」(=一番良い)

> イニ パリン バグス
> [Ini paling bagus.]

❷ 「これが最も新しいです。」(=一番新しい)

> イニ パリン バル
> [Ini paling baru.]

❸ 「どれが最も人気がありますか？」(=一番人気)

> ヤン マナ パリン ポプレル*
> [Yang mana paling popule'r ?]

> 新出単語　*ポプレル [popule'r] ——— 人気のある

❖ 形容詞の比較級と最上級の例

	原形	比較級	最上級
❶	高い mahal マハル	〜より高い lebih mahal ルビッ マハル	一番高い Paling mahal パリン マハル
❷	安い murah ムラッ	〜より安い lebih murah ルビッ ムラッ	一番安い Paling murah パリン ムラッ
❸	易しい（簡単） mudah ムダッ	〜より易しい（より簡単） lebih mudah ルビッ ムダッ	一番易しい（一番簡単） Paling mudah パリン ムダッ
❹	難しい susah スサッ	より難しい lebih susah ルビッ スサッ	一番難しい Paling susah パリン スサッ

接頭辞&接尾辞

● インドネシア語は、「基語=原形」に「接頭辞」「接尾辞」を加えることで単語や表現が増えていく言語です。これが世界一簡単といわれるインドネシア語の中で唯一ややこしいところかもしれません。

ただ、接頭辞、接尾辞に気をとられすぎては本末転倒です。初期段階では、細かいルールを覚えるよりもひとつの単語として覚えてしまったほうがベターかもしれません。（本書では基礎的な派生語の構造の紹介に厳選しています）

> **Point**
> インドネシア語の辞書は基語から引いていくため、
> 辞書を使う場合は否が応でも派生語の仕組みを学習しなければいけません。
> まず単語から基語が何かを見つけ出し、
> その基語を元に派生語を引いていきます。

基語から自動詞&他動詞をつくる

● 自動詞 ⇒ 後に目的語が続かない動詞のこと。
　　　　　英語で例えると… It rains today.「今日は雨が降っている」
● 他動詞 ⇒ 後に目的語が続く動詞のこと。
　　　　　英語で例えると… I love her.「私は彼女を愛している」

① 基語に接頭辞「**ber**」を付けるとほとんどが自動詞になります。

kata（言葉）[カタ]	ber + kata	⇒ berkata（言う）[ブルカタ]
jalan（道）[ジャラン]	ber + jalan	⇒ berjalan（歩く）[ブルジャラン]

注意1 基語が「**r**」で始まる場合は「**ber**」の「**r**」が省略されます。

renang（水泳）[ルナン]	ber + renang	⇒ berenang（泳ぐ）[ブルナン]

注意2 その他特殊な変化

kerja（仕事）[クルジャ]	ber + kerja	⇒ bekerja（働く）[ブクルジャ]
ajar（勉強）[アジャル]	ber + ajar	⇒ belajar（勉強する）[ブラジャル]

❷ 基語に接頭辞「me」を付けるとほとんどが他動詞になります。基語の頭文字に応じて接頭辞「me」が「mem」、「men」、「meng」、「meny」などに変化します。

＊が付いている単語は動詞ですが接頭辞「me＋動詞」では動詞の意味自体は変化しません。

● me ＋ 基語 ： 頭文字が < l, r, m, n, w >

lihat（見る）[リハッ(ト)]	me + lihat	⇒	melihat（見る）＊ [ムリハッ(ト)]
rasa（感情）[ラサ]	me + rasa	⇒	merasa（感じる）[ムラサ]
minta（頼む）[ミンタ]	me + minta	⇒	meminta（頼む）＊ [ムミンタ]
nikah（結婚）[ニカッ]	me + nikah	⇒	menikah（結婚する）[ムニカッ]

● mem ＋ 基語 ： 頭文字が < b, f, v, p >

「b, f, v」ではじまる単語はそのまま「mem」を付けることができますが、「p」ではじまる単語は「p」を消して「mem」を付けます。

bayar（支払う）[バヤル]	mem + bayar	⇒	membayar（支払う）＊ [ムンバヤル]
foto（写真）[フォト]	mem + foto	⇒	memfoto（写真を撮る）[ムンフォト]
vaksinasi（ワクチン注射）[ファッ(ク)スィナスィ]	mem + vaksinasi	⇒	memvaksinasi（予防接種をする）[ムンファッ(ク)スィナスィ]
pilih（選ぶ）[ピリッ]	mem + pilih	⇒	memilih（選ぶ）＊ [ムミリッ]

└ p が消える

● men ＋ 基語 ： 頭文字が < c, d, j, t >

「c, d, j」ではじまる単語はそのまま「men」を付けることができますが、「t」ではじまる単語は「t」を消して「men」を付けます。

campur（混合）[チャンプル]	men + campur	⇒	mencampur（混ぜる）[ムンチャンプル]
dapat（得る）[ダパッ(ト)]	men + dapat	⇒	mendapat（得る）＊ [ムンダパッ(ト)]
jual（売る）[ジュアル]	men + jual	⇒	menjual（売る）＊ [ムンジュアル]
te'le'pon（電話）[テレポン]	men + te'le'pon	⇒	mene'le'pon（電話をする）[ムネレポン]

└ t が消える

入門講座　文法講座

● **meng + 基語** ： 頭文字が **< a, i, u, e, o（母音）> < g, h, k >**

母音と「**g, h**」ではじまる単語はそのまま「**meng**」を付けることができますが、「**k**」ではじまる単語は「**k**」を消して「**meng**」を付けます。

ajak（誘う） [アジャッ(ク)]	meng + ajak	⇒	mengajak（誘う）* [ムンガジャッ(ク)]
ingat（思い出す） [インガッ(ト)]	meng + ingat	⇒	mengingat（思い出す）* [ムンギンガッ(ト)]
ukur（測る） [ウクル]	meng + ukur	⇒	mengukur（測る）* [ムングクル]
e'kspor（輸出） [エクスポル]	meng + e'kspor	⇒	menge'kspor（輸出する） [ムンエクスポル]
obrol（世間話をする） [オブロル]	meng + obrol	⇒	mengobrol（世間話する）* [ムンゴブロル]
gambar（絵） [ガンバル]	meng + gambar	⇒	menggambar（絵を描く） [ムンガンバル]
harap（望む） [ハラッ(プ)]	meng + harap	⇒	mengharap（希望する） [ムンハラッ(プ)]
kenal（知る） [クナル]	meng + kenal	⇒	mengenal（知る）* [ムングナル]

┗ **k** が消える

● **menge + 基語** ： 音節がひとつしかない単語

pak（包み） [パッ(ク)]	menge + pak	⇒	mengepak（包装する） [ムングパッ(ク)]
bom（爆弾） [ボム]	menge + bom	⇒	mengebom（爆撃する） [ムングボム]

● **meny + 基語** ： **s**

「**s**」を消して「**meny**」を付けます。

suruh（命令する） [スルッ]	meny + suruh	⇒	menyuruh（させる） [ムニュルッ]
simpan（保管） [スィンパン]	meny + simpan	⇒	menyimpan（保持する） [ムニィンパン]

基語から名詞をつくる

● 基語 + an

①「基語（動詞）+ an」

基語に接尾辞「an」を付けると、基本的に「基語の意味する動作に必要なもの」、「基語の意味する動作の結果現れたもの」を意味する名詞になります。

makan（食べる） ［マカン］	makan + an	⇒	makanan（食べ物） ［マカナン］
minum（飲む） ［ミヌム］	minum + an	⇒	minuman（飲み物） ［ミヌマン］
jawab（答える） ［ジャワブ］	jawab + an	⇒	jawaban（答え） ［ジャワバン］
bantu（手伝う） ［バントゥ］	bantu + an	⇒	bantuan（援助） ［バントゥアン］

②「基語（名詞）+ an」

名詞の意味がある基語に接尾辞「an」を付けると、名詞がより具体性を増します。また、数詞の基語に接頭辞「an」を付けると、数百、数千といった意味になります。

atas（上） ［アタス］	atas + an	⇒	atasan（上司） ［アタサン］
puluh（10の単位） ［プルッ］	puluh + an	⇒	puluhan（数十） ［プルハン］
ratus（100の単位） ［ラトゥス］	ratus + an	⇒	ratusan（数百） ［ラトゥサン］

● pe + 基語

基語に接頭辞「pe」を付けると、たいていの場合「基語の意味する動作を行う人・団体」を意味する名詞になります。接頭辞「pe」は、そのまま「pe」を付けるタイプ、もしくは、「pen」、「pem」、「peng」などに変化するタイプがあります。後者の接頭辞の変化は、基語の頭文字に応じて変化する「me」のルールと同じです。（P.63 参照）

①「pe, pen, pem, peng + 基語」

基語が「me」を付けて派生した他動詞の派生語（P.63 参照）に対応しており、意味が関係しています。

mohon/memohon（依頼する） ［モホン／ムモホン］	pe + mohon	⇒	pemohon（依頼者） ［プモホン］
tulis/menulis（書く） ［トゥリス／ムヌリス］	pen + tulis	⇒	penulis（筆者） ［プヌリス］

| baca/membaca（読む）
［バチャ／ムンバチャ］ | pem + baca | ⇒ | pembaca（読者）
［プンバチャ］ |
| awal/mengawal（警備する）
［アワル／ムンガワル］ | peng + awal | ⇒ | pengawal（ボディーガード）
［プンガワル］ |

〔接頭辞 **pe** の変化規則表〕

接頭辞	基語の頭文字	接頭辞	基語の頭文字
pe	l, r, m, n, w	**peng**	a, i, u, e, o（母音）g, h, k,
pem	b, f, v, p	**penge**	音節がひとつしかない単語
pen	c, d, j, t	**peny**	s

② 「pe + 基語」

基語が名詞的な物事やスポーツの名前、もしくは「**ber**」を付けた自動詞の派生語（P.62 参照）に対応しており、意味が関係しています。

tani（農業） ［タニ］	pe + tani	⇒	petani（農家） ［プタニ］
te'nis（テニス） ［テニス］	pe + te'nis	⇒	pete'nis（テニス選手） ［プテニス］
kerja/bekerja（仕事／働く） ［クルジャ／ブクルジャ］	pe + kerja	⇒	pekerja（従業員） ［プクルジャ］
ajar/belajar（勉強／勉強する） ［アジャル／ブラジャル］	pe + ajar	⇒	pelajar（生徒）※ ［プラジャル］

※例外として「belajar」の「l」が残ります。

「ke + 基語 + an」名詞以外の用法

① 基語から派生する意味の被害を受けたことを意味する動詞

　　cope't［チョペッ(ト)］盗み ⇒ **Ke**cope't**an**［クチョペタン］（財布などを）すられる

② 知覚を表す動詞

　　panas［パナス］熱(暑)い ⇒ **Ke**panas**an**［クパナサン］非常に熱(暑)く感じる
　　lihat［リハッ(ト)］見る ⇒ **Ke**lihat**an**［クリハタン］見える
　　dengar［ドゥンガル］聞く ⇒ **Ke**dengar**an**［クドゥンガラン］聞こえる

● pe + 基語 + an

この形をとる基語は「me」を付けて派生した他動詞に対応しており意味が関係しています。たいていの場合、「基語の意味する動作のプロセス・行為」によって生じた「具体的なもの」を意味する名詞になります。接頭辞「pe」は前出の基語の頭文字によって変化する「pen」、「pem」、「peng」などと同じです。

(左記〔接頭辞 pe の変化規則表〕P.66 参照)

dapat ⇒ mendapat (得る) [ダパッ(ト)] [ムンダパッ(ト)]	pen + dapat + an ⇒	pendapatan (収入) [プンダパタン]
beli ⇒ membeli (買う) [ブリ] [ムンブリ]	pem + beli + an ⇒	pembelian (購買) [プンブリアン]
ajar ⇒ mengajar (教える) [アジャル] [ムンガジャル]	peng + ajar + an ⇒	pengajaran (教育) [プンガジャラン]
selidik ⇒ menyelidik (調査する) [スリディッ(ク)] [ムニュリディッ(ク)]	peny + selidik + an ⇒	penyelidikan (調査) [プニュリディカン]

● per + 基語 + an

この形をとる基語は、基本的に「ber」を付けて派生した自動詞に対応しており意味が関係しています。たいていの場合、「基語の意味する動作のプロセス・行為」によって生じた「具体的なもの」を意味する名詞になります。

ubah/berubah (変わる) [ウバッ / ブルバッ]	per + ubah + an ⇒	perubahan (変化) [プルバハン]
tanya/bertanya (質問する) [タニャ / ブルタニャ]	per + tanya + an ⇒	pertanyaan (質問) [プルタニャアン]
ajar/belajar (勉強する) [アジャル / ブラジャル]	per + ajar + an ⇒	pelajaran (授業) ※ [プラジャラン]

※例外として「per」の「r」がなくなり、「belajar」の「l」が残ります。

● ke + 基語 + an

基語に接頭辞「ke」、接尾辞「an」を付けると、たいていの場合基語から派生する抽象名詞になります。

se'hat (健康な) [セハッ(ト)]	ke + se'hat + an ⇒	kese'hatan (健康) [クセハタン]
naik (上がる) [ナイッ(ク)]	ke + naik + an ⇒	kenaikan (上昇) [クナイカン]
terang (明るい) [トゥラン]	ke + terang + an ⇒	keterangan (説明) [クトゥランガン]

※ <「ke + 基語 + an」名詞以外の用法 > については左ページ下段を参照。

入門講座

文法講座

❖ その他の「接頭辞」「接尾辞」

その他にも以下のような「接頭辞」、「接尾辞」がありますので簡単に紹介しましょう。まずは、こまかいルールを覚えようとせず、辞書を引く練習から始めてみましょう。続けているうちに慣れていることに気が付くでしょう。

1 他動詞を作る

● **me + 基語 + kan**

duduk（座る） [ドゥドゥッ(ク)]	me + duduk + kan	⇒	mendudukkan（〜を座らせる） [ムンドゥドゥッ(ク)カン]
panas（暑い） [パナス]	me + panas + kan	⇒	memanaskan（〜を暖める） [ムマナスカン]

▲接頭辞 me の活用形は「me + 基語」のルールと同じです。(P.63 参照)

● **me + 基語 + i**

dekat（近い） [ドゥカッ(ト)]	men + dekat + i	⇒	mendekati（〜に近づく） [ムンドゥカティ]

▲接頭辞 me の活用形は 「me + 基語」のルールと同じです。(P.63 参照)

● **memper + 基語**

kecil（小さい） [クチル]	memper + kecil	⇒	memperkecil（〜を小さくする） [ムンプルクチル]

● **memper + 基語 + kan**

lihat（見る） [リハッ(ト)]	memper + lihat + kan	⇒	memperlihatkan（〜を見せる） [ムンプルリハッ(ト)カン]

● **memper + 基語 + i**

baik（良い） [バイッ(ク)]	memper + baik + i	⇒	memperbaiki（〜を修理する） [ムンプルバイキ]

❷ 〜してある、〜してしまう

● ter ＋ 基語（動詞）

主に「〜してある、された（完了 / 結果）」、「〜してしまう、ふと〜する（無意識）」というニュアンスを表します。

tulis（書く） [トゥリス]	ter ＋ tulis	⇒	tertulis（書いてある） [トゥルトゥリス]
tidur（寝る） [ティドゥル]	ter ＋ tidur	⇒	tertidur（つい寝てしまう） [トゥルティドゥル]

※基語が「r」ではじまる単語は接頭辞「ter」が「te」になります。
　　例）　ter ＋ rasa（感じる）　⇒　terasa（感じられる）

❸ 最上級

● ter ＋ 基語（形容詞）

baik（良い） [バイッ(ク)]	ter ＋ baik	⇒	terbaik（もっとも良い） [トゥルバイッ(ク)]　※辞書は baik で引く

▲ paling ＋ 形容詞と同じです。(P.61 参照)

❹ 受身表現

● di ＋ 基語／派生語

「di」をつけて派生語を受身にすると「me」、「men」、「meng」など接頭辞の部分だけがなくなります。接尾辞の「i」、「kan」は省略しません。

ada（ある） [アダ]	meng ＋ ada ＋ kan	⇒	mengadakan（〜を行う） [ムンガダカン]
⇒ 受身にする	di ＋ (mengadakan − meng)	⇒	diadakan（行われる） [ディアダカン]
cinta（愛する） [チンタ]	men ＋ cinta ＋ i	⇒	mencintai（〜を愛する） [ムンチンタイ]
⇒ 受身にする	di ＋ (mencintai − men)	⇒	dicintai（愛される） [ディチンタイ]
bunuh（殺す） [ブヌッ]	mem ＋ bunuh	⇒	membunuh（〜を殺す） [ムンブヌッ]
⇒ 受身にする	di ＋ (membunuh − mem)	⇒	dibunuh（殺される） [ディブヌッ]
baik（良い） [バイッ(ク)]	memper ＋ baik ＋ i	⇒	memperbaiki（〜を修理する） [ムンプルバイキ]
⇒ 受身にする	di ＋ (memperbaiki − mem ※)	⇒	diperbaiki（修理される） [ディプルバイキ]

※接頭辞「memper」の「per」の部分は省略しません。

❺ se は「1」を表します。

● se + 数詞／数字の単位

puluh (10の単位) [プルッ]	se + puluh	⇒	sepuluh (10) [スプルッ]
ribu (1000の単位) [リブ]	se + ribu	⇒	seribu (1000) [スリブ]
hari (日) [ハリ]	se + hari	⇒	sehari (1日) [スハリ]
tahun (年) [タフン]	se + tahun	⇒	setahun (1年間) [スタフン]

❻ 〜と同じくらい○○

● se + 基語（形容詞）

besar (大きい) [ブサル]	se + besar	⇒	sebesar (〜と同じくらい大きい) [スブサル]

❼ 同じ○○

● se + 基語（名詞）

kelas (クラス) [クラス]	se + kelas	⇒	sekelas (同じクラス) [スクラス]

❽ 基語の副詞化／できる限り○○／〜するとすぐに

● (se) + 基語 + nya

用法によって、接頭辞「se」が付いたり、基語を2回繰り返したりする場合があります。

biasa (普通) [ビアサ]	biasa + nya	⇒	biasanya (たいてい、ふつう) [ビアサニャ]
benar (正しい) [ブナル]	se + benar + nya	⇒	sebenarnya (実際、本当は) [スブナルニャ]
cepat (早い) [チュパッ(ト)]	se + cepat + nya	⇒	secepatnya (できる限り早く) [スチュパッ(ト)ニャ]
kembali (戻る) [クンバリ]	se + kembali + nya	⇒	sekembalinya (戻るとすぐに) [スクンバリニャ]
banyak (多い) [バニャッ(ク)]	se + banyak-banyak + nya	⇒	sebanyak-banyaknya (できる限り多く) [スバニャッ(ク) - バニャッ(ク)ニャ]

一夜漬け インドネシア語 場面別フレーズ集 Part 2

まずはこれだけ！
Ini saja!

1 おはよう。

AM 6:00〜AM 11:00
スラマッ(ト) パギ
Selamat pagi.
おめでとう　朝

2 こんにちは。

AM 11:00〜PM 3:00
スラマッ(ト) スィアン
Selamat siang.
おめでとう　午後

PM 3:00〜PM 6:00
スラマッ(ト) ソレ
Selamat sore'.
おめでとう　夕方

3 こんばんは。

PM 6:00〜AM 6:00
スラマッ(ト) マラム
Selamat malam.
おめでとう　夜

4 さようなら。（見送る側） ／ （見送られる側）

スラマッ(ト) ジャラン
Selamat jalan.
おめでとう　歩く

スラマッ(ト) ティンガル
Selamat tinggal.
おめでとう　暮らす

5 ごめんなさい。 ／ すいません。

マアフ
Maaf.

プルミスィ
Permisi.

Point
人に声をかける時や、「ちょっと失礼します」と言いたい時に使える表現です。

場面別フレーズ集　まずはこれだけ！

CD 33

6 ありがとう。

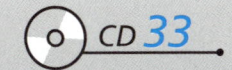

トゥリマ カスィッ
Terima kasih.
受け取る　愛情

7 どういたしまして。

サマ - サマ
Sama-sama.
同じ

> **Point**
> sama（サマ）は『同じ、同等』という意味で、sama-sama（サマサマ）には『お互いさま』という意味もあります。

8 はじめまして。（あなたにお会いできて嬉しいです）

スナン ブルトゥム ドゥンガン アンダ
Senang bertemu dengan Anda.
うれしい　会う　～と　あなた

9 また会いましょう。

サンパイ ジュンパ
Sampai jumpa.
至るまで　出会う

10 はい。　　いいえ。

ヤ　　　　**ティダッ(ク)**
Ya.　　　**Tidak.**
はい　　　　いいえ

場面別フレーズ集　まずはこれだけ！

CD 33

まずはこれだけ！
Ini saja!

11 大丈夫。／問題ありません。

ティダッ(ク) アパ-アパ
Tidak apa-apa.
〜ない　何も

12 お元気ですか？

アパ カバル？
Apa kabar?
何　便り

13 元気です。

バイッ(ク)
Baik.
よい

14 あまり元気ではありません。

ティダッ(ク) バイッ(ク)
Tidak baik.
〜ない　よい

15 具合が悪いです。

サキッ(ト)
Sakit.
痛い

Point
"Sakit"には『痛い』のほかに『つらい』『病気』という意味もあります。

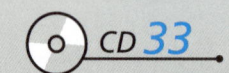

16 わかります。

サヤ ムングルティ
Saya mengerti.
私　　理解する

17 わかりません。

サヤ ティダッ(ク) ムングルティ
Saya tidak mengerti.
私　　〜ない　理解する

18 知りません。

サヤ ティダッ(ク) タウ
Saya tidak tahu.
私　　〜ない　知る

19 これいくらですか？

ブラパ イニ？
Berapa ini?
いくら　これ

20 (値段が)高すぎます。

サンガッ(ト) マハル
Sangat mahal.
とても　高い

場面別フレーズ集　まずはこれだけ！

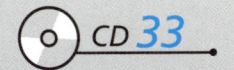

CD 33

まずはこれだけ！
Ini saja!

21 安くしてもらえませんか？（まけてもらえませんか？）

ビサ　ルビッ　ムラッ？
Bisa lebih murah ?
〜できる　もっと　安い

22 どうかしましたか？

アダ アパ？
Ada apa ?
ある/いる　何か

23 なんでもないです。

ティダッ(ク) アパ-アパ
Tidak apa-apa.
〜ない　何も

Point
何が起きてもとりあえず「ティダッ(ク) アパ-アパ」というのがインドネシア人の気質を表しています。

24 トイレはどこですか？

ディ マナ アダ カマル クチル？
Di mana ada kamar kecil ?
〜に　どこ　ある/いる　トイレ

25 ちょっと待ってください。

トゥング スブンタル
Tunggu sebentar.
待つ　ちょっとの間

場面別フレーズ集　まずはこれだけ！

CD 33

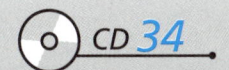

あいづち
mengiakan

1 そうですね。

ブギトゥ ヤ
Begitu ya.
<u>そんな / そう</u>　<u>ね</u>

2 本当ですか？ / うそでしょ？

マサ？
Masa ?
<u>まさか</u>

3 了解です。/ OK です。

バイッ(ク)ラッ！
Baiklah !
<u>よし / OK</u>

4 それでそれで。（話し手に話を続けてほしい時）

トゥルス
Terus
<u>まっすぐ / ずっと</u>

5 なるほど！

パンタス！
Pantas !
<u>合う（似合う）</u>

場面別フレーズ集　あいづち

CD 34

自己紹介
perkenalan diri

1 私の名前は 山田 です。

ナマ サヤ ヤマダ
Nama saya Yamada.
名前　私　　山田

2 日本 から来ました。

サヤ ダリ ジュパン
Saya dari Jepang.
私　〜から　日本

3 私はインドネシアの 言葉 が好きです。

サヤ スカ バハサ インドネスィア
Saya suka bahasa Indone'sia.
私　好き　言語　インドネシア

4 私は 20 歳です。

ウムル サヤ ドゥア プルッ
Umur saya dua puluh.
年齢　私　　20

5 インドネシアへは 初めて きました。

サヤ ダタン ク インドネスィア ウントゥッ(ク) プルタマ カリ
Saya datang ke Indone'sia untuk pertama kali.
私　来る　〜へ　インドネシア　〜のため　最初　〜回

CD 35

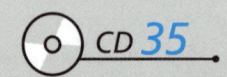

78

☐ の言葉を入れ替えると、新しい会話ができます

1 自分の名前を入れましょう。

2 国名・都市名など場所名を入れ替えてみましょう。

3

人	オラン	orang
料理	マサカン	masakan
文化	ブダヤ	budaya
音楽	ムスィッ(ク)	musik
国	ヌガラ	Negara

4 数字を入れ替えてみましょう！　P.18 入門講座【数字】参照

5

〜回目	〜カリ	〜kali
仕事で	ウルサン クルジャ	urusan kerja
観光で	ジャラン - ジャラン	jalan-jalan

場面別フレーズ集　自己紹介

お仕事は？
apa pekerjaannya

1 あなたのお仕事は何ですか？

アパ プクルジャアン アンダ？
Apa pekerjaan Anda ?
何　　仕事　　あなた

2 私は 会社員 です。

サヤ カルヤワン / カルヤワティ
Saya karyawan / karyawati .
私　　会社員（男性）　/　会社員（女性）

3 ジャカルタ で仕事をしています。

サヤ ブクルジャ ディ ジャカルタ
Saya bekerja di Jakarta .
私　　働く　　～で　　ジャカルタ

4 お仕事は 楽しい ですか？

アパカッ プクルジャアン アンダ ムニュナンカン ？
Apakah pekerjaan Anda menyenangkan ?
疑問　　お仕事　　あなた　　楽しい

5 日曜日 はお休みですか？

アパカッ アンダ リブル パダ ハリ ミング ？
Apakah Anda libur pada hari Minggu ?
疑問　　あなた　　休み　　～に　　日曜日

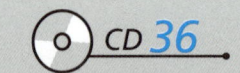

場面別フレーズ集　お仕事は？

CD 36

80

□ の言葉を入れ替えると、新しい会話ができます

2

先生	グル	guru
大学生	マハスィスワ(男性) マハスィスウィ(女性)	mahasiswa mahasiswi
公務員	プガワイ ヌグリ	pegawai negeri
セールスマン	サルスマン	salesman
店員	プンジュアル	penjual

3

日本	ジュパン	Jepang

4

大変	レポッ(ト)	re'pot
忙しい	スィブッ(ク)	sibuk

場面別フレーズ集　お仕事は？

5

土曜日	ハリ サブトゥ	hari Sabtu
ヒンドゥーの休み	ハリ ラヤ クニンガン	hari raya Kuningan

81

両替する
menukarkan uang

1 日本円を両替したいのですが。

サヤ マウ トゥカル イェン ク ルピアッ
Saya mau tukar ye'n ke rupiah.
私　〜したい　両替する　円　〜に　ルピア

2 きれいなお金にかえてください。

トロン トゥカルカン ウアン ヤン ブルスィッ
Tolong tukarkan uang yang bersih.
〜してもらえますか　交換する　お金　〜な方の　きれい

3 手数料は必要ですか？

アダ コミスィニャ？
Ada komisinya?
ある/いる　手数料

4 円をルピアに両替するレートはいくらですか？

ブラパ ニライ トゥカル イェン ク ルピアッ スカラン？
Berapa nilai tukar ye'n ke rupiah sekarang?
いくら　値　両替する　円　〜に　ルピア　今

> **❖ Memo ❖**
> 両替はなるべくホテルなどで行うことをおすすめします。
> 街中の小さな両替所では金額のごまかしもありますので
> 必ず店員の目の前で受け取った札を数えましょう。

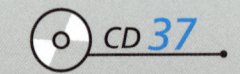

場面別フレーズ集　両替する

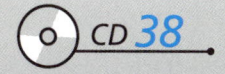

お礼・感謝
Terima kasih

1 とても助かりました。

トゥリマ カスィッ バニャッ(ク) アタス バントゥアン アンダ！
Terima kasih banyak atas bantuan Anda!
ありがとう　多い　上　援助　あなた

2 どうもありがとうございます。

トゥリマ カスィッ バニャッ(ク)
Terima kasih banyak.
ありがとう　多い

3 もう十分です。

スダッ チュクッ(プ)
Sudah cukup.
すでに/もう　十分

4 いろいろとお世話になりました。

トゥリマ カスィッ アタス クバイカン アンダ
Terima kasih atas kebaikan Anda.
ありがとう　上　親切　あなた

場面別フレーズ集　お礼・感謝

タクシーに乗る
naik taksi

1 タクシーを呼んでください。

トロン パンギルカン タクスィ
Tolong panggilkan taksi.
〜してもらえますか　呼ぶ　タクシー

2 ングララィ国際空港 へお願いします。

トロン アンタルカン ク バンダラ イントゥルナスィオナル ングラッ ライ
Tolong antarkan ke Bandara Internasional Ngurah Rai.
〜してもらえますか　送る　〜へ　空港　国際　ングラ ライ

3 メーターを使ってください。

ミンタ パカイ アルゴ
Minta pakai argo.
乞う　使う　メーター（タクシーの料金）

4 急いで ください。

トロン ルビッ チュパッ(ト)
Tolong lebih cepat !
〜してもらえますか　もっと　速い

5 あそこ で止めてください。

トロン ブルフンティ ディ サナ
Tolong berhenti di sana.
〜してもらえますか　止める　周辺　あそこ

CD 39

☐ の言葉を入れ替えると、新しい会話ができます

2 場所名を入れ替えてみましょう！
P.165 単語集【観光スポット】参照

4 | ゆっくりして | プラン | pelan |

5 | 次の角 | ティクンガン ブリクッ(ト)ニャ tikungan berikutnya |
| ここ | スィニ sini |

場面別フレーズ集　タクシーに乗る

✥ Memo ✥

バリ島のングラライ国際空港はデンパサール（Denpasar）国際空港という通称もあります。
日本人にはこちらの呼び名に馴染みがあるかもしれません。

空港に到着し外に出るとたくさんの客引きがたむろしており近づいてきますが注意が必要です。現地の人も安心して利用するブルーバードタクシー「blue bird」の利用をお勧めします。

ホテルで
di hotel

場面別フレーズ集　ホテルで

1 　部屋 は空いていますか？

アダ　カマル　コソン？
Ada　kamar　kosong？
ある/いる　部屋　からっぽ/空いている

2 　一泊いくらですか？

ブラパ　ハルガニャ　カマル　ウントゥッ(ク)　サトゥ　マラム？
Berapa　harganya　kamar　untuk　satu　malam？
いくら　値段　部屋　～のため　1　夜

3 　もっと きれいな 部屋はありますか？

アダ　ヤン　ルビッ　ブルスィッ
Ada　yang　lebih　bersih？
ある/いる　の/もの　もっと　きれい

4 　チェックアウト は何時ですか？

チェッ(ク)　アウッ(ト)　ニャ　ジャム　ブラパ
Che'ck-out　nya　jam　berapa？
チェックアウト　その　時間　いくら

5 　ルームサービス をお願いします。

ミンタ　ルム　スルフィス
Minta　room service．
乞う　ルーム　サービス

CD 40

□ の言葉を入れ替えると、新しい会話ができます

1
シングルルーム	スィングル	single
ツインルーム	カマル ドゥンガン ドゥア トゥンパッ(ト) ティドゥル	kamar dengan dua tempat tidur
ダブルルーム	カマル ドブル	kamar double
スイートルーム	カマル スイトゥ	kamar suite

2 数字を入れ替えてみましょう！　P.18 入門講座【数字】参照

3
安い	ムラッ	murah
大きい	ブサル	besar
静かな	トゥナン	tenang

4
| チェックイン | チェッ(ク) イン | ＊英語読みでok！ che'ck-in |
| 朝食 | サラパン パギ | sarapan pagi |

5
| モーニングコール | ウェイクアッ(プ) コル | ＊英語読みでok！ wake-up call |
| ミネラルウォーター | アイル ミネラル / アクア※ | air mine'ral / aqua |

場面別フレーズ集　ホテルで

※ インドネシアで最も普及しているミネラルウォーターの商品名。ミネラルウォーターの代名詞的な存在。

お食事
makanan

1 ナシゴレン はありますか？

アダ ナスィ ゴレン ?
Ada nasi gore'ng ?
ある/いる　ナシゴレン

2 メニューをください。

ミンタ メヌ
Minta me'nu.
乞う　メニュー

3 辛く しないでください。

ティダッ(ク) マウ プダス
Tidak mau pedas .
〜ない　ほしい　辛い

4 早く持って来てください。

トロン チュパッ(ト) バワ ク スィニ
Tolong cepat bawa ke sini.
〜してもらえますか　早い　持つ　〜へ　ここ

5 おすすめ料理は何ですか？

アパ ヤン パリン エナッ(ク) ?
Apa yang paling e'nak ?
何　の/もの　一番　おいしい

CD 41

☐ の言葉を入れ替えると、新しい会話ができます

1 P.150-153,164 単語集【食事】,【果物】,【食材・野菜】,【飲み物・デザート】,【インドネシア料理】参照

3

甘く	マニス	manis
しょっぱく	アスィン	asin
苦く	パヒッ(ト)	pahit
酸っぱく	アサム	asam

場面別フレーズ集　お食事

おすすめは？
saran

1 ここの 名物 は何ですか？

アパ バラン ハァス ディ ダエラッ イニ？
Apa barang khas di dae'rah ini ?
何　物　特別な　〜に　地域　この

2 どこで 買う ことができますか？

ディ マナ ビサ ブリ
Di mana bisa beli ?
〜で　どこ　できる　買う

3 どれが一番好きですか？

ヤン マナ パリン アンダ スカイ？
Yang mana paling Anda sukai ?
〜な方の　どこ　一番　あなた　好き

4 いい 店 を教えてください。

トロン ブリ タウ ク サヤ トコ ヤン パリン バグス
Tolong beri tahu ke saya toko yang paling bagus.
〜してもらえますか　与える　知る　〜に　私　店　の/もの　一番　よい

5 どんな 歌 が流行っていますか？

ラグ アパ ヤン スダン ポプレル？
Lagu apa yang sedang popule'r ?
歌　何　の/もの　〜しているところ　人気がある

> □ の言葉を入れ替えると、新しい会話ができます

1
| おススメ | バラン ヤン ラク | barang yang laku |
| 人気商品 | バラン トゥルクナル | barang terkenal |

2
見る	リハッ(ト)	lihat
食べる	マカン	makan
乗る	ナイッ(ク)	naik

4
| 場所 | トゥンパッ(ト) | tempat |

5
モノ	バラン	barang
服	パカイアン	pakaian
料理	マサカン	masakan

場面別フレーズ集 おすすめは？

どうやって乗るの？
cara naiknya

1　このバスはどうやって利用するんですか？

バガイマナ　ナイッ(ク)　ビス　イニ？
Bagaimana naik bis ini ?
　どうやって　　乗る　バス　この

2　この船はどこまで行くんですか？

クマナ　トゥジュアン　カパル　イニ？
Ke mana tujuan kapal ini ?
〜へ　どこ　目的地　船　この

3　タクシーの乗り場はどこですか？

トゥンパッ(ト)　ナイッ(ク)　タクスィ　アダ　ディ　マナ？
Tempat naik taksi ada di mana ?
場所　乗る　タクシー　ある/いる　〜に　どこ

4　このバスはプランバナンへ行きますか？

アパカッ　ビス　イニ　ク　プランバナン？
Apakah bis ini ke Prambanan ?
疑問　バス　この　〜へ　プランバナン

5　独立記念塔(モナス)に到着したら教えてください。

トロン　ブリ　タウ　ク　サヤ　カラウ　ティバ　ディ　トゥグ　モナス
Tolong beri tahu ke saya kalau tiba di Tugu Monas .
〜してもらえますか　与える　知る　〜に　私　〜したら　到着する　〜に　トゥグモナス

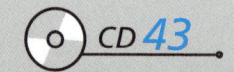

CD 43

□ の言葉を入れ替えると、新しい会話ができます

1 / 2

バス	ビス	bis
船	カパル	kapal
タクシー	タクスィ	taksi
飛行機	プサワッ(ト)	pesawat
列車	クレタ アピ	kere'ta api
特急列車	クレタ エクスプレス	kere'ta e'kspre's
電車	クレタ リストリッ(ク)	kere'ta listrik

P.160　単語集【交通機関】参照

3

切符売り場　ロケッ(ト) プンジュアラン カルチス
　　　　　　loke't penjualan karcis

場所名を入れ替えてみましょう！

4　5　P.165　単語集【観光スポット】参照

場面別フレーズ集　どうやって乗るの？

93

場所をたずねる
mencari tempat

1 ブサキ寺院 はどこですか？

プラ ブサキッ アダ ディ マナ？
Pura Besakih ada di mana?
寺院　ブサキ　ある/いる　〜に　どこ

2 ウブド へはどうやって行けばよいですか？

バガイマナ プルギ ク ウブッ(ド)？
Bagaimana pergi ke Ubud?
どうやって　行く　〜へ　ウブド

3 そこまでどれくらい時間がかかりますか？

ブラパ ラマ ク サナ？
Berapa lama ke sana?
いくら　長い　〜へ　そこ

4 ここから 遠い ですか？

アパカッ ジャウッ ダリ スィニ
Apakah jauh dari sini?
疑問　遠い　〜から　ここ

5 そこまで 歩いて 行けますか？

ビサ プルギ ク サナ ドゥンガン ジャラン カキ？
Bisa pergi ke sana dengan jalan kaki?
出来る　行く　〜へ　そこ　〜と　歩く　足

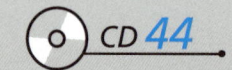

CD 44

の言葉を入れ替えると、新しい会話ができます

1 / 2

トイレ

カマル クチル	kamar kecil
ウェセ	WC
トイレッ(ト)	toile't

場所名を入れ替えてみましょう！　P.165 単語集【観光スポット】参照

4

近い　　ドゥカッ(ト)　　dekat

5

バスで　　ビス　　bis

タクシーで　　タクスィ　　taksi

P.160 単語集【交通機関】参照

場面別フレーズ集　場所をたずねる

95

ショッピング
berbelanja

1 これは いくらですか？

ブラパ イニ？
Berapa ini ?
　いくら　これ

2 また後で来ます。（また戻って来ます）

サヤ アカン クンバリ ク スィニ ラギ
Saya akan kembali ke sini lagi.
　私　（これから〜する）　戻る　〜へ　ここ　また

3 見ているだけです。

チュマ リハッ(ト) - リハッ(ト) サジャ
Cuma lihat-lihat saja.
単に／〜だけ　見る　〜だけ

4 バティックはありますか？

アパカッ アダ バティッ(ク)
Apakah ada batik ?
疑問　ある／いる　バティック

5 これを試着しても（試してみても）いいですか？

ボレッ サヤ チョバ？
Bole'h saya coba ?
〜してよい　私　試す

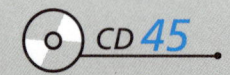

CD 45

□ の言葉を入れ替えると、新しい会話ができます

6 （買うかどうか）まず考えさせてください。

サヤ マウ ピキル ドゥル
Saya mau pikir dulu.
私　～したい　考える　先に

7 負けてくれますか？

ビサ ディタワル
Bisa ditawar ?
出来る　値段の交渉をされる

---

1 全部で　　スムアニャ　　semuanya

4
大きいの	ヤン ルビッ ブサル	yang lebih besar
小さいの	ヤン ルビッ クチル	yang lebih kecil
安いの	ヤン ルビッ ムラッ	yang lebih murah
他の色	ヤン ワルナ ライン	yang warna lain

P.156,158　単語集【商品・品物】,【色】参照

場面別フレーズ集　ショッピング

※ろうけつ染めされた布地でインドネシアの特産品。ハンカチやスカーフ、パレオ（腰巻き）などに加工される。

チケット購入
membeli tiket

1 汽車 のチケットはどこで買えますか？

ディ マナ ビサ ブリ ティケッ(ト) クレタ アピ ？
Di mana bisa beli tike't kere'ta api ?
〜に どこ できる 買う チケット 列車 火

2 学割 はありますか？

アパカッ アダ ポトンガン ハルガ ウントゥッ(ク) プラジャル ？
Apakah ada potongan harga untuk pelajar ?
疑問 ある/いる 割引 値段 〜のため 学生

3 入場料 はいくらですか？

ブラパ オンコス マスッ(ク) ？
Berapa ongkos masuk ?
いくら 料金 入る

4 次の ショー は何時ですか？

ジャム ブラパ プルトゥンジュカン ブリクッ(ト)ニャ アカン ディムライ ？
Jam berapa pertunjukan berikutnya akan dimulai ?
時間 いくら ショー 次 〜する予定 始まる

5 汽車 のタイムテーブル(時刻表)はありますか？

アパカッ アダ ジャドワル クレタ アピ ？
Apakah ada jadwal kere'ta api ?
疑問 ある/いる スケジュール 列車 火

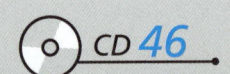

CD 46

□ の言葉を入れ替えると、新しい会話ができます

1
映画	フィルム	film
コンサート	コンセル	konse'r
ツアーバス	ビス ウィサタ	bis wisata

2 / 3
前売り券	ティケッ(ト) レスルファスィ tike't reservasi

4
映画	フィルム	film
ショー	プルトゥンジュカン	pertunjukan

5
バス	ビス	bis
飛行機	プサワッ(ト)	pesawat
船	カパル	kapal

場面別フレーズ集　チケット購入

※ kere'ta api は直訳すると「汽車」ですが、意訳と口語ではディーゼル車、電車など鉄道系の総称としても使われます。

教え合う
Ajar-mengajar

1 Thank you はインドネシア語で何と言いますか？
▼聞きたい言葉を入れましょう。
バガイマナ アンダ ブルカタ テンキュ ダラム バハサ インドネスィア？
Bagaimana Anda berkata Thank-you dalam bahasa Indone'sia?
どうやって　あなた　言う　サンキュー　〜で　言語　インドネシア

2 これは日本語で りんご と言います。
▼適当な日本語を入れましょう。
イニ ダラム バハサ ジュパン ディスブッ(ト) リンゴ
Ini dalam bahasa Jepang disebut ringo.
これ　〜で　言語　日本　言われる　リンゴ

3 書いてください。
トロン トゥリスカン
Tolong tuliskan.
〜してもらえますか　書く

4 私にインドネシア語を教えてください。
トロン アジャルカン サヤ バハサ インドネスィア
Tolong ajarkan saya bahasa Indone'sia.
〜してもらえますか　教える　私　言語　インドネシア

5 ゆっくり言ってください。
トロン ビチャラ プラン - プラン
Tolong bicara pelan-pelan.
〜してもらえますか　言う　ゆっくり

場面別フレーズ集　教え合う

ホメ言葉
kata-kata memuji

1 すばらしいですね！

バグス スカリ！
Bagus sekali！
よい　　とても

人 物 事 に使える！

Point
sekali（スカリ）は『**とても**』という意味で形容詞の後ろにおきます。同じくとてもという意味のSangat（サンガッ(ト)）を "Sangat bagus!" のように形容詞の前に置くことも可能です。

2 すごいですね！

ヘバッ(ト) スカリ！
He'bat sekali！
すごい　　とても

人 物 事 に使える！

3 キレイですね！

チャンティッ(ク) スカリ！
Cantik sekali！
きれい　　とても

人 物 事 に使える！

4 カッコいいですね！

ガントゥン スカリ！
Ganteng sekali！
カッコいい　　とても

人 のみ使える！

Point
最近、若者の間では sekali（スカリ）のかわりに banget（バンガッ(ト)）=『**めっちゃ**』がよく使われます。慣れてきたら sekali を banget に置き換えてみましょう。

5 カワイイですね！

サンガッ(ト) マニス！
Sangat manis！
とても　　甘い

人 物 事 に使える！

CD 48

何時？
Jam berapa?

1 何時ですか？

ジャム ブラパ？
Jam berapa？
時間 いくら

2 午前6時です。

ジャム ウナム パギ
Jam enam pagi．
時間 6 朝

3 午後8時45分です。

ジャム ドゥラパン ゥンパッ(ト) プルッ リマ マラム
Jam delapan empat puluh lima malam．
時間 8 45 夜

4 30分後に出かけます。

サヤ クルアル ストゥラッ ティガ プルッ ムニッ(ト)
Saya keluar setelah tiga puluh menit．
私 出かける 後 30 分

5 何時にOPENしますか？

ブカ ジャム ブラパ？
Buka jam berapa？
開ける 時間 いくら

□ の言葉を入れ替えると、新しい会話ができます

2 **3** **4** P.18 入門講座【数字】参照

P.107 フレーズ集【時刻】参照

5

Close し	トゥトゥッ(プ)	tutup
始まり	ムライ	mulai
終わり	スルサイ	selesai

場面別フレーズ集 — 何時？

日時の表現 ①
Ucapan tanggal dan jam 1

1
10日にバリへ行きます。

サヤ アカン プルギ ク バリ パダ タンガル スプルッ
Saya akan pergi ke Bali pada tanggal sepuluh．
　私　～する予定　行く　～へ　バリ　～に　日付　10

2
いつ行くんですか？

カパン プルギ？
Kapan pergi？
　いつ　　行く

3
何日ですか？

タンガル ブラパ？
Tanggal berapa？
　日付　　　いつ

4
何月ですか？

ブラン ブラパ？
Bulan berapa？
　月　　　いつ

　　　　　　　　　　　　ブラン アパ
※ " Bulan apa " でも OK

☐ の言葉を入れ替えると、新しい会話ができます

1 P.18 入門講座【数字】参照

2
どのように	バガイマナ	bagaimana
なぜ	クナパ	kenapa

4
年	タフン	tahun
曜日	ハリ	hari

場面別フレーズ集　日時の表現 ❶

✦ Memo ✦

　インドネシア語で日付を表現する際は、日本と違って『日、月、年』の順番になります。例えば、「2013 年 4 月 20 日」であれば **" Tanggal 20 bulan 4 tahun 2013 "** のようになります。

　月の表現は「1 月、2 月、3 月」であれば **" bulan 1 , bulan 2 , bulan 3 "** というように「**bulan** ＋月を表す数字」で表す場合と、**" bulan Januari, bulan Fe'bruari, bulan Maret "** というように「**bulan** ＋月の名前」で表す方法があります。

105

日時の表現 ❷
Ucapan tanggal dan jam 2

2〜5 P.18, 146, 148
入門講座【数字】、
単語集【日・月・年】、【暦】参照

1 いつ来ますか？
カパン ダタン？
Kapan datang？
　いつ　　来る

2 3分間待ってもらえますか？
トゥング　スラマ ティガ ムニッ(ト)
Tunggu selama tiga menit.
　待つ　　　間　　　3　　　分

3 2週間滞在する予定です。
サヤ アカン ティンガル ディ スィニ　スラマ ドゥア ミング
Saya akan tinggal di sini selama dua minggu.
　私　～する予定　滞在する ～に ここ　間　　2　　　週間

4 明日また来ます。
ベソッ(ク)　サヤ ダタン ラギ
Be'sok saya datang lagi.
　明日　　私　　来る　　また

5 何日間かかりますか？
プルル　ブラパ ハリ？
Perlu berapa hari？
　必要　　いくら　日

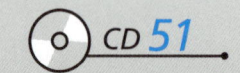

時刻
jam

午前 ☀	0時	ジャム ドゥアブラス マラム	ジャム〜マラム	Jam 12 malam
	1時	ジャム サトゥ マラム		Jam 1 malam
	2時	ジャム ドゥア マラム		Jam 2 malam
	3時	ジャム ティガ マラム		Jam 3 malam
	4時	ジャム ゥンパッ(ト) パギ	ジャム〜パギ	Jam 4 pagi
	5時	ジャム リマ パギ		Jam 5 pagi
	6時	ジャム ゥナム パギ		Jam 6 pagi
	7時	ジャム トゥジュッ パギ		Jam 7 pagi
	8時	ジャム ドゥラパン パギ		Jam 8 pagi
	9時	ジャム スンビラン パギ		Jam 9 pagi
	10時	ジャム スプルッ パギ		Jam 10 pagi
	11時	ジャム スブラス スィアン	ジャム〜スィアン	Jam 11 siang
	12時(正午)	ジャム ドゥアブラス スィアン		Jam 12 siang
	1時	ジャム サトゥ スィアン		Jam 1 siang
	2時	ジャム ドゥア スィアン		Jam 2 siang
	3時	ジャム ティガ スィアン		Jam 3 siang
午後 🌙	4時	ジャム ゥンパッ(ト) ソレ	ジャム〜ソレ	Jam 4 sore'
	5時	ジャム リマ ソレ		Jam 5 sore'
	6時	ジャム ゥナム ソレ		Jam 6 sore'
	7時	ジャム トゥジュッ マラム	ジャム〜マラム	Jam 7 malam
	8時	ジャム ドゥラパン マラム		Jam 8 malam
	9時	ジャム スンビラン マラム		Jam 9 malam
	10時	ジャム スプルッ マラム		Jam 10 malam
	11時	ジャム スブラス マラム		Jam 11 malam

場面別フレーズ集　時刻

CD 52

お誘い表現
Ucapan mengajak

1 日本 に来ませんか？

バガイマナ カラウ アンダ ダタン ク ジュパン ?
Bagaimana kalau Anda datang ke Jepang ?
どうですか　～したら　あなた　来る　～へ　日本

2 一緒に ご飯を食べ ませんか？

バガイマナ カラウ マカン サマ-サマ ?
Bagaimana kalau makan sama-sama ?
どうですか　～したら　食べる　一緒に

3 一緒に バス に乗りませんか？

バガイマナ カラウ ナイッ(ク) ビス サマ-サマ ?
Bagaimana kalau naik bis sama-sama ?
どうですか　～したら　乗る　バス　一緒に

4 一緒に ショー を見に行きませんか？

バガイマナ カラウ プルギ ムノントン プルトゥンジュカン サマ-サマ?
Bagaimana kalau pergi menonton pertunjukan sama-sama ?
どうですか　～したら　行く　見る　ショー　一緒に

CD 53

□ の言葉を入れ替えると、新しい会話ができます

1
| 東京 | トキョ | Tokyo |
| 私の家 | ルマッ サヤ | rumah saya |

2
| 町をぶらぶらする | ジャラン-ジャラン | jalan-jalan |
| 買い物 | ブルブランジャ | berbelanja |

P.136-141 単語集【基本の動詞】参照

3 P.160 単語集【交通機関】参照

4
映画	フィルム	film
コンサート	コンセル	konse'r
ダンスのショー	タリ-タリアン	tari-tarian

場面別フレーズ集　お誘い表現

109

写真撮影
Ambil foto

1 写真を撮ってもいいですか？

ボレッ サヤ アンビル フォト？
Bole'h saya ambil foto?
〜してよい / 私 / 撮る / 写真

2 私たちの写真を撮ってください。

トロン アンビル フォト カミ
Tolong ambil foto kami.
〜してもらえますか / 撮る / 写真 / 私たち

3 もう1枚撮ってもらえますか？

ビサ アンビル フォト サトゥ カリ ラギ？
Bisa ambil foto satu kali lagi?
出来る / 撮る / 写真 / 1 / 回 / また

4 一緒に写真を撮ってもらえますか？

ビサ アンビル フォト サマ-サマ？
Bisa ambil foto sama-sama?
出来る / 撮る / 写真 / 一緒に

5 いち、にの、さん！（＝ハイ、チーズ）

サトゥ ドゥア ティガ ヤ！
Satu dua tiga ya!
1 / 2 / 3 / ね

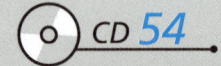

レンタカー
sewa mobil

> P.18 入門講座【数字】参照

1 車のレンタルは 1 日いくらですか？

ブラパ ハルガ セワ モビル ウントゥッ(ク) サトゥ ハリ？
Berapa harga se'wa mobil untuk satu hari？
いくら　値段　借りる　車　〜のため　1　日

2 バイクを借りるには、どんな書類が必要ですか？

ウントゥッ(ク) セワ スペダ モトル、プルル ドクメン アパ？
Untuk se'wa sepe'da motor, perlu dokume'n apa？
〜のため　借りる　オートバイ　必要　書類　何

3 オートマ車はありますか？

アダ モビル オトマティス
Ada mobil otomatis？
ある/いる　車　オートマ

> **Point**
> AT車は otomatik（オトマティッ(ク)）とも呼ばれます。それをさらに縮めて matik（マティッ(ク)）、と呼ばれることも。

4 どんな燃料を使いますか？

パカイ バハン バカル アパ
Pakai bahan bakar apa？
使う　材料　燃える　何

5 何か注意することはありますか？

アパ ヤン ハルス サヤ プルハティカン
Apa yang harus saya perhatikan？
何　〜の/もの　〜しなければならない　私　注意する

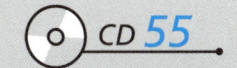

場面別フレーズ集　レンタカー

CD 55

トラブル遭遇！
menjumpai kesulitan

1 すいません、警察署はどこですか？

プルミスィ, ディ マナ アダ カントル ポリスィ ?
Permisi, di mana ada kantor polisi ?
　すみません　　に　どこ　ある/いる　事務所　警察

2 警察署へ連れて行ってください。

トロン アンタルカン サヤ ク カントル ポリスィ
Tolong antarkan saya ke kantor polisi.
～してもらえますか　連れて行く　私　～へ　事務所　警察

3 パスポートをなくしました。

サヤ クヒランガン パスポル
Saya kehilangan paspor.
私　なくす　パスポート

4 ここに連絡をください。

トロン サンブンカン ク スィニ
Tolong sambungkan ke sini.
～してもらえますか　続く　～に　ここ

5 ケガをしました。

サヤ ルカ
Saya luka.
私　ケガ

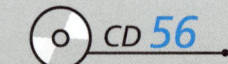

CD 56

□の言葉を入れ替えると、新しい会話ができます

1 / 2

| 日本大使館 | クドゥタアン ブサル | kedutaan besar |
| 病院 | ルマッ サキッ(ト) | rumah sakit |

3

財布	ドンペッ(ト)	dompe't
お金	ウアン	uang
切符	カルチス	karcis
貴重品	バラン - バラン ブルハルガ	barang-barang berharga

5

道に迷い	トゥルササル	tersasar
盗難にあい	クチュリアン	kecurian
ひったくられ	ディジャンブレッ(ト)	dijambre't
友人とはぐれ	クヒランガン トゥマン	kehilangan teman

場面別フレーズ集　トラブル遭遇！

113

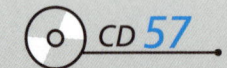

病気の症状
Gejala penyakit

1 気分が悪いです。

サキッ(ト)
Sakit.
痛い

2 頭が痛いです。

サキッ(ト) クパラ
Sakit kepala.
痛い　頭

3 食欲がありません。

ティダッ(ク) アダ ナフス マカン
Tidak ada nafsu makan.
〜ない　ある/いる　　食欲

4 熱があります。

ドゥマム
Demam.
熱

5 薬が欲しいです。

マウ オバッ(ト)
Mau obat.
乞う　薬

場面別フレーズ集　病気の症状

CD 57

◯ の言葉を入れ替えると、新しい会話ができます

2

お腹	プルッ(ト)	perut	鼻	ヒドゥン	hidung
歯	ギギ	gigi	目	マタ	mata
耳	トゥリンガ	telinga	口	ムルッ(ト)	mulut

P.154 単語集【身体の名前】参照

5

風邪薬	オバッ(ト) マスッ(ク) アンギン	obat masuk angin
痛み止め	オバッ(ト) プルナン ラサ サキッ(ト)	obat penahan rasa sakit
目薬	オバッ(ト) マタ	obat mata
かゆみ止め	オバッ(ト) ガタル	obat gatal

場面別フレーズ集　病気の症状

薬を買う
membeli obat

1 この辺りに薬局はありますか？

アパカッ ディ スキタル スィニ アダ アポテッ(ク)？
Apakah di sekitar sini ada apote'k？
疑問　～で　辺り　ここ　ある　薬局

2 下痢 に効く薬が欲しいです。

マウ オバッ(ト) ウントゥッ(ク) ディアレ
Mau obat untuk diare'.
欲しい　薬　～のため　下痢

3 どうやって飲むのですか？

バガイマナ アトゥラン ミヌムニャ？
Bagaimana aturan minumnya？
どうやって　ルール　飲む

4 水薬 が欲しいです。

マウ オバッ(ト) ヤン チャイル
Mau obat yang cair.
欲しい　薬　の/もの　液状の

5 2 日分の薬が欲しいです。

マウ オバッ(ト) ウントゥッ(ク) ドゥア ハリ
Mau obat untuk dua hari.
欲しい　薬　～ため　2　日

CD 58

□ の言葉を入れ替えると、新しい会話ができます

2

便秘	スンブリッ(ト)	sembelit
かゆみ	ガタル	gatal
乗り物酔い	マブッ(ク) クンダラアン	mabuk kendaraan
虫刺され	ディギギッ(ト) スランガ	digigit serangga

P.159 単語集【病気・怪我】参照

場面別フレーズ集　薬を買う

4

粉薬	オバッ(ト) ブブッ(ク)	obat bubuk
塗り薬	オバッ(ト) ゴソッ(ク)	obat gosok
錠剤	オバッ(ト) タブレッ(ト)	obat tablet
すぐに効く薬	オバッ(ト) ヤン ルビッ マンジュル	obat yang lebih manjur

5 P.18 入門講座【数字】参照

117

病院で
Di rumah sakit

1 内科 はどこですか？

ディマナ バギアン プニャキッ(ト) ダラム ？
Di mana bagian penyakit dalam ?
〜に どこ 科 病気 中

2 喉 が痛いのですが。

サヤ サキッ(ト) トゥンゴロカン
Saya sakit tenggorokan .
私 痛い 喉

3 どのくらいで治りますか？

ブラパ ラマ ウントゥッ(ク) スンブッ
Berapa lama untuk sembuh ?
いくら 長い 〜のため 治る

4 やってはいけないことはありますか？

アパ パンタンガンニャ
Apa pantangannya ?
何 やってはいけないこと

5 熱は 39 度あります。

スフ バダン ティガ プルッ スンビラン ドゥラジャッ(ト)
Suhu badan tiga puluh sembilan derajat .
温度 体 39 度

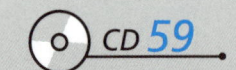

CD 59

> □ の言葉を入れ替えると、新しい会話ができます

1

外科	バギアン ブダッ	bagian bedah
眼科	バギアン マタ	bagian mata
歯科	バギアン ギギ	bagian gigi
小児科	バギアン アナッ(ク)	bagian anak
救急外来	ウゲデ	UGD

2 P.154 単語集【身体の名前】参照

5 P.18 入門講座【数字】参照

お断り
Ucapan penolakan

1 やめてください！

ジャンガン！
Jangan！
〜するな

2 今忙しいです。

サヤ スダン スィブッ(ク)
Saya sedang sibuk．
私　〜しているところ　忙しい

3 要らないです。／結構です。／イヤです。

ティダッ(ク) マウ
Tidak mau．
〜ない　〜したい

4 興味がありません。

サヤ ティダッ(ク) トゥルタリッ(ク)
Saya tidak tertarik．
私　〜ない　興味

5 用事があります。

サヤ アダ ウルサン
Saya ada urusan．
私　ある／いる　用事

CD 60

怒ってます！
Marah

1. このヤロー！

クパラッ(ト)
Keparat！
人でなし

2. クソッ！

クラン アジャル
Kurang ajar！
足りない　教える

3. 我慢の限界！

ティダッ(ク) タハン
Tidak tahan！
〜ない　我慢

4. あっち行け！

プルギ サナ
Pergi sana！
行く　あそこ

5. 最悪、最低！ ※ あまり使わない方がよい表現です。

アンジン
Anjing！
犬

パヤッ
Payah！
最悪/最低

CD 61

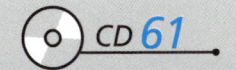

121

お別れです…
Ucapan perpisahan

1 あなたに会えてとてもうれしいです。

サヤ スナン スカリ ダパッ(ト) ブルトゥム ドゥンガン アンダ
Saya senang sekali dapat bertemu dengan Anda.
私　うれしい　とても　できる　会う　～と　あなた

2 あなたの住所を書いてください。

トロン トゥリスカン アラマッ(ト) アンダ
Tolong tuliskan alamat Anda.
～してもらえますか　書く　住所　あなた

3 あなたの親切は忘れません。

サヤ ティダッ(ク) ルパ クバイカン アンダ
Saya tidak lupa kebaikan Anda.
私　～ない　忘れる　親切　あなた

4 手紙を送るよ！

サヤ パスティ キリム スラッ(ト) クパダ アンダ！
Saya pasti kirim surat kepada Anda!
私　きっと　送る　手紙　～に　あなた

5 必ずまた会いましょう！

キタ パスティ クトゥム ラギ ヤ
Kita pasti ketemu lagi ya!
私たち　きっと　会う　また　ね

の言葉を入れ替えると、新しい会話ができます

2

| 電話番号 | ノモル テレポン | nomor te'le'pon |
| メールアドレス | アラマッ(ト)イメル | alamat e-mail |

3

| 心遣い | プルハティアン | perhatian |
| 笑顔 | スニュム | senyum |

4

| 写真 | フォト | foto |
| Eメール | イメル | e-mail |

場面別フレーズ集

お別れです…

残念っ！
Sayang!

1 私が悪かったんです。

サヤ ヤン サラッ
Saya yang salah.
私　〜が　間違い

2 残念！／惜しい！／もったいないですね！

サヤン スカリ！
Sayang sekali !
残念　とても

3 悔しいです！

ムニュサル スカリ！
Menyesal sekali !
悔やむ　とても

4 日本に帰らなくてはならないので残念です。

サヤン スカリ サヤ ハルス プラン ク ジュパン
Sayang sekali, saya harus pulang ke Jepang.
残念な　とても　私　〜しなければならない　帰る　〜へ　日本

場面別フレーズ集　残念っ！

CD 63

求愛フレーズ
Uluran kasih

1 あなたのことが大好きです。

サヤ サンガッ(ト) サヤン アンダ
Saya sangat sayang Anda.
私　とても　愛しく思う　あなた

2 あなたのことを愛してます。

サヤ チンタ アンダ
Saya cinta Anda.
私　愛する　あなた

3 あなたとお付き合いしたいです。

サヤ マウ ジャディ パチャル アンダ
Saya mau jadi pacar Anda.
私　～したい　～になる　恋人　あなた

4 あなたとずっと一緒にいたいです。

サヤ マウ ブルサマ ドゥンガン アンダ スラマニャ
Saya mau bersama dengan Anda selamanya.
私　～したい　一緒にいる　～と　あなた　永遠

5 私はあなたと結婚したいです。

サヤ マウ ムニカッ ドゥンガン アンダ
Saya mau menikah dengan Anda.
私　～したい　結婚する　～と　あなた

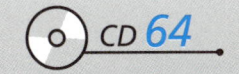

場面別フレーズ集　求愛フレーズ

CD 64

125

天気・気温
Cuaca dan suhu

1 暑いですね。

サンガッ(ト) パナス ヤ？
Sangat panas ya？
　とても　　暑い　　～ね

2 寒いですね。

サンガッ(ト) ディンギン ヤ？
Sangat dingin ya？
　とても　　寒い　　～ね

3 また雨！

フジャン ラギ！
Hujan lagi！
　雨　　また

4 エアコンをつけてください。

トロン ヒドゥッ(プ)カン アセ
Tolong hidupkan AC.
～してもらえますか　つける　エアコン

5 明日の天気はどうですか？

バガイマナ チュアチャ ベソッ(ク)？
Bagaimana cuaca be'sok？
　どう　　天気　　明日

の言葉を入れ替えると、新しい会話ができます

1
2
| 涼しい | スジュッ(ク) | sejuk |
| 蒸し暑い | グラッ | gerah |

4
消して	マティカン	matikan
上げて	ナイッカン	naikkan
下げて	トゥルンカン	turunkan

5
| 気温 | スフ | suhu |

場面別フレーズ集　天気・気温

127

髪を切る
Potong rambut

1 ここを 2 センチくらい切ってください。

トロン ポトン ランブッ(ト) サヤ ドゥンガン ジャラッ(ク) ドゥア センティメタル
Tolong potong rambut saya dengan jarak dua cm.
〜してもらえますか　切る　髪　私　〜で　距離　2　センチ

2 この写真 のような髪型にできますか？

ビサ ガヤ ランブッ(ト) スプルティ フォト イニ ?
Bisa gaya rambut seperti foto ini ?
出来る　スタイル　髪　〜のような　写真　この

3 ここは切らないでください。

ジャンガン ポトン スィニ
Jangan potong sini.
〜するな　切る　ここ

4 シャンプーは必要ありません。

ティダッ(ク) プルル チュチ ランブッ(ト)
Tidak perlu cuci rambut.
〜ない　必要とする　洗う　髪

5 パーマをお願いできますか？

トロン クリティンカン ランブッ(ト) サヤ
Tolong keritingkan rambut saya
〜してもらえますか　縮れる　髪　私

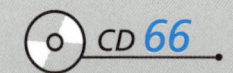

CD 66

の言葉を入れ替えると、新しい会話ができます

1 P.18 入門講座【数字】参照

2

この人	オラン イニ	orang ini
あの人	オラン イトゥ	orang itu

場面別フレーズ集 髪を切る

おまけ ボキャブラリー

美容院	サロン	salon
床屋	トゥカン チュクル	tukang cukur
髪を切る	ポトン ランブッ(ト)	potong rambut
髪をすく	ティピスカン ランブッ(ト)	tipiskan rambut
髪を染める	チャッ(ト) ランブッ(ト)	cat rambut

学ぼう！
Belajarlah!

1 どんな授業がありますか？

アダ クルスス アパ？
Ada kursus apa ?
ある/いる　コース　何

2 このコースに参加するにはどの書類が必要ですか？

ウントゥッ(ク) イクッ(ト) クルスス イニ、プルル ドクメン アパ？
Untuk ikut kursus ini , perlu dokume'n apa ?
〜のため　参加する　コース　この　必要とする　書類　何

3 宿泊施設はありますか？

アパカッ アダ トゥンパッ(ト) ムンギナッ(プ)？
Apakah ada tempat menginap ?
疑問　ある/いる　場所　宿泊

4 授業はいつからいつまでですか？

クルスス イニ ムライ ダン サンパイ カパン？
Kursus ini mulai dan sampai kapan ?
コース　この　始まる　〜と　至るまで　いつ

5 授業料(この授業)はいくらですか？

クルスス イニ ブラパ？
Kursus ini berapa ?
コース　この　いくら

CD 67

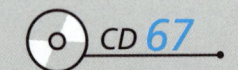

130

マッサージ屋さん
Tukang pijat

1 （マッサージしてほしい場所を手で指しながら）
このあたりをマッサージしてください。

ミンタ ピジャッ(ト) ディ スィニ
Minta pijat di sini.
　乞う　マッサージ　この辺り

2 （とても）痛いです！

サキッ(ト)（スカリ）！
Sakit (sekali)！
　痛い　　（とても）

3 （とても）気持ちいいです！

エナッ(ク)（スカリ）！
E'nak (sekali)！
　おいしい　（とても）

4 もう少し上！

スディキッ(ト) ク アタス！
Sedikit ke atas！
　少し　　　上の方

💠 Memo 💠
インドネシアのマッサージは押しが中心。うつ伏せにされて両足で背中を踏みつける手法もある。「痛い！」といえば力を弱めてくれます。

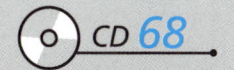

場面別フレーズ集　マッサージ屋さん

手紙・荷物を送る
menjirim surat barang

1 切手はどこで買えますか？

ディ マナ ビサ ブリ プランコ ?
Di mana bisa beli perangko ?
〜に / どこ / できる / 買う / 切手

2 これを日本に送りたいのですが。

サヤ マウ キリム イニ ク ジュパン
Saya mau kirim ini ke Jepang.
私 / 〜したい / 送る / これ / 〜へ / 日本

3 送料（運賃）はいくらですか？

オンコスニャ ブラパ
Ongkosnya berapa ?
その運賃 / いくら

4 日本までどれくらいかかりますか？（時間）

ブラパ ラマ サンパイ ジュパン ?
Berapa lama sampai Jepang ?
いくら / 長い / 〜至るまで / 日本

5 EMSで送りたいのですが。

サヤ マウ キリム ドゥンガン イエムエス
Saya mau kirim dengan EMS.
私 / 〜したい / 送る / 〜で（手段） / EMS

CD 69

□ の言葉を入れ替えると、新しい会話ができます

1

ハガキ	カルトゥ ポス	kartu pos
封筒	アンプロッ(プ)	amplop
小包の箱	パケッ(ト) ポス	pake't pos

5

船便	ポス ラウッ(ト)	pos laut
普通郵便	ポス ビアサ	pos biasa
書留	ポス トゥルチャタッ(ト)	pos tercatat
速達	ポス キラッ(ト) / エクスプレス	pos kilat (手紙) / e'kspre's

場面別フレーズ集 手紙・荷物を送る

133

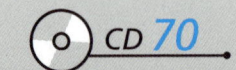

電話をかける
Telepon

1 もしもし、山田さん はいらっしゃいますか？
▼相手の名前を入れてください。

ハロ, アダ パッ(ク) ヤマダ ？
Halo, ada Pak Yamada ?
もしもし　ある/いる　さん　　山田

Point
"Pak." は、「山田さん」を 30 歳以上もしくは子供のいる男性と想定した場合の敬称です。（その他の敬称は P.25 ページ参照）

2 もしもし、山田さん のお宅でしょうか？

ハロ イニ ルマッ パッ(ク) ヤマダ ？
Halo, ini rumah Pak Yamada ?
もしもし　ここ　家　　さん　　山田

3 山田 と申します。
▼自分の名前を入れてください。

イニ ダリ ヤマダ
Ini dari Yamada .
これ　〜から　山田

4 後でまた、かけ直します。

ナンティ サヤ アカン テレポン ラギ
Nanti saya akan te'le'pon lagi.
後で　　私　　〜する予定　電話する　また

5 彼(彼女)は何時にお戻りになりますか？

ジャム ブラパ ディア クンバリ？
Jam berapa dia kembali ?
時間　いくら　彼(彼女)　戻る

CD 70

134

一夜漬け インドネシア語

Part 3

カテゴリー別
単語集

基本の動詞 1

[日本語]	[カタカナ読み]	[インドネシア語]
行く	プルギ	pergi
来る	ダタン	datang
帰る	プラン	pulang
乗る	ナイッ(ク)	naik
降りる	トゥルン	turun
食べる	マカン	makan
飲む	ミヌム	minum
読む	ムンバチャ	membaca
聞く	ムンドゥンガル	mendengar
聞こえる	トゥルドゥンガル	terdengar
歌う	ムニャニィ	menyanyi
見る	ムリハッ(ト)	melihat
見える	クリハタン	kelihatan
話す	ブルビチャラ	berbicara
書く	ムヌリス	menulis
思う・考える	ブルピキル	berpikir
感じる	ムラサ	merasa
知る・知っている	タウ	tahu
理解する	ムングルティ	mengerti
決める	ムヌントゥカン	menentukan
忘れる	ルパ	lupa
覚える	インガッ(ト)	ingat
働く	ブクルジャ	bekerja
休む・休憩する	イスティラハッ(ト)	istirahat
別れる	ブルピサッ	berpisah
終わる	スルサイ	selesai
完成する・解決する	ムニュルサイカン	menyelesaikan
会う	ブルトゥム	bertemu
約束する	ジャンジ	janji
買う	ムンブリ	membeli

Kata kerja dasar 1

〔基語〕	〔例文〕	〔例文意味〕
プルギ pergi	プルギ ク ジュパン pergi ke Jepang	日本に行く
ダタン datang	ダタン ク ルマッ サヤ datang ke rumah saya	家に来る
プラン pulang	プラン ク インドネスィア pulang ke Indone'sia	インドネシアに帰る
ナイッ(ク) naik	ナイッ(ク) ビス naik bis	バスに乗る
トゥルン turun	トゥルン ビス turun bis	バスを降りる
マカン makan	マカン ナスィ ゴレン makan nasi gore'ng	ナシゴレンを食べる
ミヌム minum	ミヌム ビル minum bir	ビールを飲む
バチャ baca	ムンバチャ ブク membaca buku	本を読む
ドゥンガル dengar	ムンドゥンガル ムスィッ(ク) mendengar musik	音楽を聞く
ドゥンガル dengar	ティダッ(ク) トゥルドゥンガル tidak terdengar	聞こえない
ニャニィ nyanyi	ムニャニィ ラグ インドネスィア menyanyi lagu Indone'sia	インドネシアの歌を歌う
リハッ(ト) lihat	ムリハッ(ト) ホムペイジ melihat homepage	ホームページを見る
リハッ(ト) lihat	ティダッ(ク) クリハタン tidak kelihatan	見えない
ビチャラ bicara	ブルビチャラ ドゥンガン トゥマン サヤ berbicara dengan teman saya	私の友達と話す
トゥリス tulis	ムヌリス スラッ(ト) menulis surat	手紙を書く
ピキル pikir	ブルピキル トゥンタン イトゥ berpikir tentang itu	それについて考える
ラサ rasa	ムラサ スナン merasa senang	うれしく感じる（＝うれしい）
タウ tahu	タウ オラン イトゥ tahu orang itu	その人を知っている
グルティ gerti	ムングルティ バハサ インドネスィア mengerti bahasa Indone'sia	インドネシア語がわかる
トゥントゥ tentu	ムヌントゥカン ルンチャナ menentukan rencana	予定を決める
ルパ lupa	ルパ ナマ アンダ lupa nama Anda	あなたの名前を忘れる
インガッ(ト) ingat	インガッ(ト) ナマ アンダ ingat nama Anda	あなたの名前を覚える
クルジャ kerja	ブクルジャ ディ トキョ bekerja di Tokyo	東京で働いている
イスティラハッ(ト) istirahat	イスティラハッ(ト) ディ スィニ istirahat di sini	ここで休む
ピサッ pisah	キタ スダッ ブルピサッ Kita sudah berpisah.	私たちはすでに別れた
スルサイ selesai	ブクルジャアン スダッ スルサイ Pekerjaan sudah selesai.	仕事は終わりました
スルサイ selesai	ハルス ムニュルサイカン ブクルジャアン harus menyelesaikan pekerjaan	仕事を終わらせなければならない
トゥム temu	ブルトゥム ドゥンガン トゥマン bertemu dengan teman	友達に会う
ジャンジ janji	ムレカ ジャンジ ウントゥッ(ク) ブルトゥム ラギ Mere'ka janji untuk bertemu lagi.	再び会う約束をする
ブリ beli	ムンブリ オレッ-オレッ membeli ole'h-ole'h	お土産を買う

単語集　基本の動詞【1】

基本の動詞 2

〔日本語〕	〔カタカナ読み〕	〔インドネシア語〕
● 売る	ムンジュアル	menjual
● 送る	ムンギリム	mengirim
● 受け取る	ムヌリマ	menerima
● あげる	ムンブリカン	memberikan
● 開く	ブカ	buka
● 閉まる	トゥトゥッ(プ)	tutup
● 借りる	ピンジャム	pinjam
● 貸す	ムミンジャムカン	meminjamkan
● 借りる (お金を払う→有料)	ムニェワ	menye'wa
● 借りる (無料)	ムミンジャム	meminjam
● 起きる	バングン	bangun
● 寝る	ティドゥル	tidur
● 遊ぶ	ブルマイン	bermain
● 有る	アダ	ada
● 持つ	プニャ	punya
● 取る・撮る	ムンガンビル	mengambil
● 選ぶ	ムミリッ	memilih
● 使う	ムマカイ	memakai
● 作る	ムンブアッ(ト)	membuat
● 間違える	サラッ	salah
● 電話をする	ムネレポン	mene'le'pon
● 写真を撮る	ムンフォト	memfoto
● 待つ	ムヌング	menunggu
● 予約する	ムムサン	memesan
● 変更する	ムングバッ	mengubah
● 取り消す	ムンバタルカン	membatalkan
● 泊まる	ムンギナッ(プ)	menginap
● 勉強する	ブラジャル	belajar
● 教える	ムンガジャル	mengajar
● 言う・告げる	ブルカタ	berkata

Kata kerja dasar 2

〔基語〕	〔例文〕	〔例文意味〕
ジュアル jual	ムンジュアル ブアッ-ブアハン menjual buah-buahan	果物を売る
キリム kirim	ムンギリム スラッ(ト) mengirim surat	手紙を送る
トゥリマ terima	ムヌリマ スラッ(ト) menerima surat	手紙を受け取る
ブリ beri	ディア ムンブリカン ハディアッ クパダ トゥマン Dia memberikan hadiah kepada teman.	彼は友達にプレゼントをあげる
ブカ buka	トコ イニ ブカ ジャム トゥジュッ Toko ini buka jam tujuh.	この店は7時に開く
トゥトゥッ(プ) tutup	トコ イニ トゥトゥッ(プ) ジャム ウナム Toko ini tutup jam enam.	この店は6時に閉まる
ピンジャム pinjam	ムミンジャム ペンシル meminjam pe'nsil	鉛筆を借りる
ピンジャム pinjam	ムミンジャムカン ウアン クパダ アンダ meminjamkan uang kepada Anda	あなたにお金を貸す
セワ se'wa	ムニェワ モビル menye'wa mobil	車を借りる
ピンジャム pinjam	ムミンジャム ボルペン アンダ meminjam bolpe'n Anda	あなたのボールペンを借りる
バングン bangun	バングン ジャム トゥジュッ bangun jam tujuh	7時に起きる
ティドゥル tidur	ティドゥル ジャム スンビラン tidur jam sembilan	9時に寝る
マイン main	ブルマイン ディ パンタイ bermain di pantai	ビーチで遊ぶ
アダ ada	ホテルニャ アダ ディ ( ) Hote'lnya ada di ( ).	ホテルが(場所名)にある
プニャ punya	サヤ プニャ タス Saya punya tas.	鞄をもっている
アンビル ambil	ムンガンビル フォト mengambil foto	写真を撮る
ピリッ pilih	ムミリッ サトゥ memilih satu	ひとつ選ぶ
パカイ pakai	ムマカイ カルトゥ クレディッ(ト) memakai kartu kre'dit	クレジットカードを使う
ブアッ(ト) buat	ムンブアッ(ト) マサカン インドネシア membuat masakan indone'sia	インドネシア料理を作る
サラッ salah	サヤ ヤン サラッ Saya yang salah.	私が間違えた
テレポン te'le'pon	ムネレポン トゥマン サヤ mene'le'pon teman saya	私の友達に電話する
フォト foto	ムンフォト アナッ(ク) サヤ memfoto anak saya	私の子供の写真を撮る
トゥング tunggu	サヤ ムヌング トゥマン ディ スタシウン トキョ Saya menunggu teman di stasiun Tokyo.	私は東京駅で友達を待つ
プサン pesan	ムムサン ティケッ(ト) プサワッ(ト) memesan tike't pesawat	エアチケットを予約する
ウバッ ubah	ムングバッ ルンチャナ mengubah rencana	計画を変更する
バタル batal	ムンバタルカン プサナン membatalkan pesanan	注文を取り消す
イナッ(プ) inap	ムンギナッ(プ) ディ バリ Menginap di Bali.	バリに泊まる
アジャル ajar	ブラジャル ディ スラバヤ belajar di Surabaya	スラバヤで勉強する
アジャル ajar	サヤ ムンガジャル バハサ イングリス Saya mengajar bahasa Inggris.	私は英語を教えている
カタ kata	ディア ブルカタ クパダ サヤ Dia berkata kepada saya.	彼が私に言う

単語集

基本の動詞〔2〕

基本の動詞 3

〔日本語〕	〔カタカナ読み〕	〔インドネシア語〕
● 尋ねる	ブルタニャ	bertanya
● 答える	ジャワブ	jawab
● 誘う・招く	ムングンダン	mengundang
● なくす	クヒランガン	kehilangan
● 治る (病気・怪我)	スンブッ	sembuh
● 探す・捜す	ムンチャリ	mencari
● 着る	ムマカイ	memakai
● 脱ぐ	ムンブカ	membuka
● 洗う	ムンチュチ	mencuci
● 入る	マスッ(ク)	masuk
● 出る	クルアル	keluar
● 歩く	ブルジャラン	berjalan
● 走る	ブルラリ	berlari
● 泳ぐ	ブルナン	berenang
● 立つ	ブルディリ	berdiri
● 座る	ドゥドゥッ(ク)	duduk
● 止まる	ブルフンティ	berhenti
● 泣く	ムナンギス	menangis
● 笑う	トゥルタワ	tertawa
● 好き (好み)	スカ	suka
● 味見する	ムンチチッ(プ)	mencicip
● 試す	チョバ	coba
● 連絡する	ムンフブンギ	menghubungi
● 両替する	ムヌカル	menukar
● 用意する	ムニィアッ(プ)カン	menyiapkan
● 注文する・予約する	ムムサン	memesan
● 預ける	ムニティッ(プ)カン	menitipkan
● 拾う	ムムングッ(ト)	memungut
● 捨てる	ムンブアン	membuang
● 結婚する	ムニカッ	menikah

Kata kerja dasar 3

〔基語〕	〔例文〕	〔例文意味〕
タニャ tanya	ブルタニャ ジャラン bertanya jalan	道を尋ねる
ジャワブ jawab	ディア ブルム ジャワブ Dia belum jawab.	まだ答えていない
ウンダン undang	ムングンダン トゥマン ク ペスタ mengundang teman ke pe'sta	友達をパーティーに招待する
ヒラン hilang	クヒランガン ドンペッ(ト) kehilangan dompe't	財布をなくす
スンブッ sembuh	サヤ スダッ スンブッ Saya sudah sembuh.	私は病気が治った
チャリ cari	ムンチャリ プクルジャアン mencari pekerjaan	仕事を探す
パカイ pakai	ムマカイ バジュ memakai baju	服を着る
ブカ buka	ムンブカ スパトゥ membuka sepatu	靴を脱ぐ
チュチ cuci	ムンチュチ タンガン mencuci tangan	手を洗う
マスッ(ク) masuk	マスッ(ク) カマル masuk kamar	部屋に入る
クルアル keluar	クルアル ダリ カマル keluar dari kamar	部屋から出る
ジャラン jalan	ブルジャラン ク レストラン berjalan ke re'storan	レストランまで歩いて行く
ラリ lari	ブルラリ ク スコラッ berlari ke sekolah	学校まで走って行く
ルナン renang	ディララン ブルナン Dilarang berenang!	遊泳禁止！
ディリ diri	ブルディリ チュパッ(ト) berdiri cepat	さっと立つ
ドゥドゥッ(ク) duduk	ドゥドゥッ(ク) ディ クルスィ duduk di kursi	椅子に座る
フンティ henti	クレタ アピ イニ ブルフンティ ディ ジャカルタ Kere'ta api ini berhenti di Jakarta.	この汽車はジャカルタに停まる
ナンギス nangis	クナパ ディア ムナンギス kenapa dia menangis?	どうして彼は泣いているの？
タワ tawa	ジャンガン トゥルタワ Jangan tertawa!	笑わないで！
スカ suka	サヤ スカ ブラジャル バハサ インドネスィア Saya suka belajar bahasa Indone'sia.	インドネシア語の勉強が好き
チチッ(プ) cicip	ムンチチッ(プ) ラサニャ mencicip rasanya	味を見る
チョバ coba	チョバ マカン Coba makan!	ちょっとたべてみて！
フブン hubung	ムンフブンギ ポリスィ menghubungi polisi	警察に連絡する
トゥカル tukar	ムヌカル ウアン menukar uang	両替する
スィアッ(プ) siap	ムニィアッ(プ) カン マカナン menyiapkan makanan	食事の準備をする
プサン pesan	ムムサン ミヌマン memesan minuman	飲み物を注文する
ティティッ(プ) titip	ムニティッ(プ) カン バガスィ menitipkan bagasi	手荷物を預ける
プングッ(ト) pungut	ムムングッ(ト) ドンペッ(ト) memungut dompe't	財布を拾う
ブアン buang	ムンブアン サンパッ membuang sampah	ゴミを捨てる
ニカッ nikah	ディア スダッ ムニカッ ドゥンガン オラン インドネスィア Dia sudah menikah dengan orang Indone'sia.	彼はすでにインドネシア人と結婚した

単語集　基本の動詞【3】

感情 動詞＆形容詞

〔日本語〕	〔カタカナ読み〕	〔インドネシア語〕
● 愛する	チンタ	cinta
● 好き (愛情を持って)	サヤン	sayang
● 嬉しい	スナン	senang
● 悲しい (残念な)	スディッ	sedih
● 楽しい	グンビラ	gembira
● 怒る	マラッ	marah
● 恥ずかしい	マル	malu
● 幸せな	ブルバハギア	berbahagia
● 心配する	ハァワティル	khawatir
● 気分が良い	スナン	senang
● 驚く	カゲッ(ト)	kage't
● もったいない・残念な	サヤン スカリ	sayang sekali
● なつかしく思う	リンドゥ	rindu
● うらやましい	イリ	iri
● 疲れる	チャペッ(ク)	cape'k
● 飽きる・退屈である	ボサン	bosan
● 困る	スサッ	susah
● 怖い・恐れる	タクッ(ト)	takut
● 興味がある	トゥルタリッ(ク)	tertarik
● 後悔する	ムニュサル	menyesal
● 満足する	プアス	puas
● リラックスする	サンタイ	santai

senang
嬉しい

sedih
悲しい

marah
怒る

Kata kerja & Sifat dasar yang berhubungan dengan perasaan

〔基語〕	〔例文〕	〔例文意味〕
チンタ cinta	サヤ チンタ カム Saya cinta kamu.	私はあなたを愛してる
サヤン sayang	サンガッ(ト) サヤン Sangat sayang !	大好き！
スナン senang	サヤ スナン スカリ ダパッ(ト) ブルトゥム ドゥンガン アンダ Saya senang sekali dapat bertemu dengan Anda.	あなたに会えてとても嬉しいです
スディッ sedih	ジャンガン スディッ-スディッ Jangan sedih-sedih!	悲しまないで！
グンビラ gembira	ブルドゥバル-ドゥバル カルナ グンビラ berdebar-debar karena gembira	楽しいことにわくわくする
マラッ marah	イブ サヤ スラル マラッ クパダ サヤ Ibu saya selalu marah kepada saya.	私の母はいつも私に怒ってばかりいる
マル malu	アナッ(ク) サヤ プマル Anak saya pemalu.	私の子供は恥ずかしがり屋
バハギア bahagia	サヤ サンガッ(ト) ブルバハギア ムヌリマ スラッ(ト) ダリ イブ サヤ Saya sangat berbahagia menerima surat dari Ibu saya.	私は母からの手紙を受取りとても幸せだ
ハァワティル khawatir	ディア ハァワティル トゥルハダッ(プ) マサ ドゥパン Dia khawatir terhadap masa depan	彼は将来を心配している
スナン senang	アパカッ アンダ スナン Apakah Anda senang?	気分は良い？
カゲッ(ト) kage't	ディア カゲッ(ト) ムリリハッ(ト) ウラル Dia kage't melihat ular.	彼は蛇をみて驚いた
- 	サヤン スカリ Sayang sekali!	もったいない！
リンドゥ rindu	サヤ カダン-カダン リンドゥ マサカン インドネシア Saya kadang-kadang rindu masakan Indone'sia.	私は時々インドネシア料理をなつかしく思う
イリ iri	サヤ イリ スカリ Saya iri sekali!	うらやましい！
チャペッ(ク) cape'k	サヤ スダッ チャペッ(ク) Saya sudah cape'k.	私は疲れた
ボサン bosan	ボサン スカリ Bosan sekali!	退屈だ！
スサッ susah	ティダッ(ク) プルル ブルスサッ ハティ tidak perlu bersusah hati	困る必要はありません
タクッ(ト) takut	ジャンガン タクッ(ト) Jangan takut!	恐がらなくていいよ！
タリッ(ク) tarik	サヤ トゥルタリッ(ク) パダ ブダヤ ジュパン Saya tertarik pada budaya Jepang.	私は日本文化に興味がある
スサル sesal	サヤ ムニュサル ブルトゥム ドゥンガン ディア Saya menyesal bertemu dengan dia.	彼に会ったことを後悔している
プアス puas	サヤ サンガッ(ト) プアス ドゥンガン フィルム イトゥ Saya sangat puas dengan film itu.	私はあの映画に満足している
サンタイ santai	サンタイ サジャ Santai saja!	リラックスして！

malu
恥ずかしい

kage't
驚く

bosan
飽きる

基本の形容詞

[日本語]	[カタカナ読み]	[インドネシア語]
● 性格が良い・優しい	バイッ(ク)	baik
● 性格が悪い	スィファッ(ト) ジュレッ(ク)	sifat jele'k
● ケチな	キキル / プルッ(ト)	kikir / pelit
● ひょうきんな	ルチュ	lucu
● 賢い	ピンタル	pintar
● ばかな	ボドッ	bodoh
● うるさい・文句の多い	チュレウェッ(ト)	cere'we't
● 横柄な	ソンボン	sombong
● 礼儀正しい	ソパン	sopan
● 上品な	ハルス	halus
● まじめな	スングッ - スングッ	sungguh-sungguh
● 勤勉な	ラジン	rajin
● 怠けている	マラス	malas
● 短気な	ルカス マラッ	lekas marah
● スケベ	グニッ(ト)	genit
● きれい	チャンティッ(ク)	cantik
● ハンサム	タンパン / ガンテン	tampan / ganteng
● かわいい	マニス	manis
● ぶさいく	ジュレッ(ク)	jele'k
● 太っている	グムッ(ク)	gemuk
● 痩せている	クルス	kurus
● 正直な	ジュジュル	jujur
● 素直な	パトゥッ	patuh
● 明るい（性格）	プリアン	periang
● 暗い（性格）	プムルン	pemurung
● 大人しい	プンディアム	pendiam

Kata sifat dasar

〔日本語〕	〔カタカナ読み〕	〔インドネシア語〕
● 暑い・熱い	パナス	panas
● 寒い・冷たい	ディンギン	dingin
● 涼しい	スジュッ(ク)	sejuk
● 暖かい	ハンガッ(ト)	hangat
● 高い (物価)	マハル	mahal
● 安い (物価)	ムラッ	murah
● 高い (建物・背)	ティンギ	tinggi
● 低い (建物・背)	ルンダッ	rendah
● 大きい	ブサル	besar
● 小さい	クチル	kecil
● 少ない	スディキッ(ト)	sedikit
● 多い	バニャッ(ク)	banyak
● 長い	パンジャン	panjang
● 短い	ペンデッ(ク)	pe'nde'k
● 重い	ブラッ(ト)	berat
● 軽い	リンガン	ringan
● 固い・硬い	クラス	keras
● 柔らかい	ルンブッ(ト)	lembut
● 明るい	トゥラン	terang
● 暗い	グラッ(プ)	gelap
● 新しい	バル	baru
● 古い	ラマ	lama
● 清潔な	ブルスィッ	bersih
● 汚い	コトル	kotor
● 難しい	スサッ	susah
● 易しい	ムダッ	mudah
● うるさい	リブッ(ト)	ribut
● 静かな	スピ/トゥナン	sepi / tenang
● 忙しい	スィブッ(ク)	sibuk

単語集 基本の形容詞

日・月・年

Hari / Bulan / Tahun

〔日本語〕	〔カタカナ読み〕	〔インドネシア語〕
●〜日間	スラマ 〜 ハリ	selama .... hari
●〜週間	スラマ 〜 ミング	selama .... minggu
●〜ヶ月間	スラマ 〜 ブラン	selama .... bulan
●〜年間	スラマ 〜 タフン	selama .... tahun
●今日	ハリ イニ	hari ini
●明日	ベソッ(ク)	be'sok
●明後日	ドゥア ハリ ヤン アカン ダタン	dua hari yang akan datang
●昨日	クマリン	kemarin
●一昨日	クマリン ドゥル	kemarin dulu
●〜日前	〜 ハリ ヤン ラル	.... hari yang lalu
●〜日後	〜 ハリ ヤン アカン ダタン	.... hari yang akan datang
●今週	ミング イニ	minggu ini
●来週	ミング ドゥパン	minggu depan
●先週	ミング ラル	minggu lalu
●〜週間前	〜 ミング ヤン ラル	.... minggu yang lalu
●〜週間後	〜 ミング ヤン アカン ダタン	.... minggu yang akan datang
●今月	ブラン イニ	bulan ini
●来月	ブラン ドゥパン	bulan depan
●先月	ブラン ラル	bulan lalu
●〜ヶ月前	〜 ブラン ヤン ラル	.... bulan yang lalu
●〜ヶ月後	〜 ブラン ヤン アカン ダタン	.... bulan yang akan datang
●今年	タフン イニ	tahun ini
●来年	タフン ドゥパン	tahun depan
●去年	タフン ヤン ラル	tahun yang lalu
●〜年前	〜 タフン ヤン ラル	.... tahun yang lalu
●〜年後	〜 タフン ヤン アカン ダタン	.... tahun yang akan datang
●毎日	スティアッ(プ) ハリ	setiap hari
●毎週	スティアッ(プ) ミング	setiap minggu
●毎月	スティアッ(プ) ブラン	setiap bulan
●毎年	スティアッ(プ) タフン	setiap tahun

時間の流れ　　Aliran waktu

〔日本語〕	〔カタカナ読み〕	〔インドネシア語〕
● 秒	ドゥティッ(ク)	detik
● 分	ムニッ(ト)	menit
● 時間	ジャム	jam
● 朝・午前	パギ	pagi
● 昼・午後	スィアン	siang
● 夕方	ソレ	sore'
● 夜	マラム	malam
● 深夜	トゥンガッ マラム	tengah malam
● 今	スカラン	sekarang
● すぐに	スグラ	segera
● さっき	バル サジャ	baru saja
● 早い・速い	チュパッ(ト)	cepat
● 遅い	ランバッ(ト)	lambat
● ～から	ダリ	dari
● ～まで	サンパイ	sampai
● 一日中	スパンジャン ハリ	sepanjang hari
● あとで	ストゥラッ イトゥ	setelah itu
● 今後	マサ ドゥパン	masa depan
● この前・以前	スブルムニャ	sebelumnya
● しばしば・よく	スリン	sering
● 時々	カダン - カダン	kadang-kadang
● めったに～ない	ジャラン	jarang
● ふたたび	ラギ	lagi
● いつか	カパン - カパン	kapan-kapan
● 現在	スカラン	sekarang
● 過去	ラル	lalu
● 未来	マサ ドゥパン	masa depan
● 永遠に	スラマニャ	selamanya

単語集　時間の流れ

暦

kale'nder

〔日本語〕	〔カタカナ読み〕	〔インドネシア語〕
月曜日	ハリ スニン	hari Senin
火曜日	ハリ スラサ	hari Selasa
水曜日	ハリ ラブ	hari Rabu
木曜日	ハリ カミス	hari Kamis
金曜日	ハリ ジュマッ(ト)	hari Jumat
土曜日	ハリ サブトゥ	hari Sabtu
日曜日	ハリ ミング	hari Minggu
1月	ブラン ジャヌアリ	bulan Januari
2月	ブラン フェブルアリ	bulan Fe'bruari
3月	ブラン マルッ(ト)	bulan Maret
4月	ブラン アプリル	bulan April
5月	ブラン メイ	bulan Me'i
6月	ブラン ジュニ	bulan Juni
7月	ブラン ジュリ	bulan Juli
8月	ブラン アグストゥス	bulan Agustus
9月	ブラン セッ(プ)テンブル	bulan Se'pte'mber
10月	ブラン オクトブル	bulan Oktober
11月	ブラン ノフェンブル	bulan Nove'mber
12月	ブラン デセンブル	bulan De'se'mber
中国暦新年	イムレッ(ク)	Imle'k
サカ暦新年ニュピ祝祭日	ニュピ	Nyepi
断食明け大祭	イドゥル フィットリ	Idul Fitri
クリスマス	ハリ ナタル	hari natal
新年	タフン バル	tahun baru
誕生日	ハリ ウラン タフン	hari ulang tahun
春	ムスィム スミ	musim semi
夏	ムスィム パナス	musim panas
秋	ムスィム ググル	musim gugur
冬	ムスィム ディンギン	musim dingin
雨季	ムスィム フジャン	musim hujan
乾季	ムスィム クマラウ	musim kemarau

単語集

暦

位置・方向

Letak / Arah

〔日本語〕	〔カタカナ読み〕	〔インドネシア語〕
東	ティムル	timur
西	バラッ(ト)	barat
南	スラタン	selatan
北	ウタラ	utara
右	カナン	kanan
左	キリ	kiri
横	スブラッ	sebelah
上	アタス	atas
下	バワッ	bawah
前	ドゥパン	depan
後	ブラカン	belakang
向い	スブラン	seberang
中	ダラム	dalam
外	ルアル	luar
真ん中	トゥンガッ	tengah
遠い	ジャウッ	jauh
近い	ドゥカッ(ト)	dekat
ここ	スィニ	sini
そこ	スィトゥ	situ
あそこ	サナ	sana

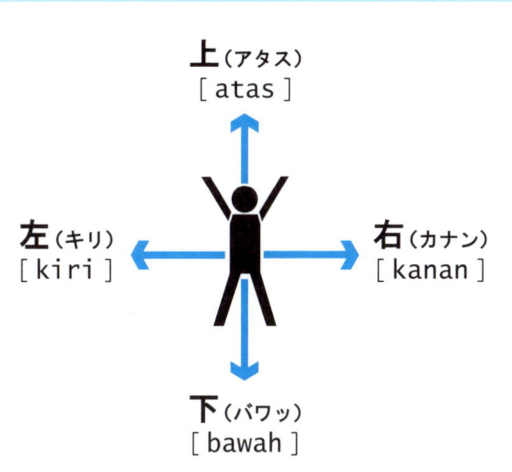

上 (アタス)
[atas]

左 (キリ)
[kiri]

右 (カナン)
[kanan]

下 (バワッ)
[bawah]

単語集

位置・方向

149

食事　　Makan

〔日本語〕	〔カタカナ読み〕	〔インドネシア語〕
● レストラン	レストラン	re'storan
● ビュッフェ	プラスマナン	prasmanan
● 屋台	ワルン	warung
● 味	ラサ	rasa
● おいしい	エナッ（ク）	e'nak
● まずい	ティダッ（ク）エナッ（ク）	tidak e'nak
● 辛い	プダス	pedas
● 甘い	マニス	manis
● 酸っぱい	アサム	asam
● しょっぱい	アスィン	asin
● 苦い	パヒッ（ト）	pahit
● 油っこい	ブルミニャッ（ク）	berminyak
● 調味料	ブンブ	bumbu
● 砂糖	グラ	gula
● 塩	ガラム	garam
● こしょう	ラダ	lada
● 唐辛子	チャベ	cabe'
● 酢	チュカ	cuka
● 炒める・揚げる	ゴレン	gore'ng
● 焼く	バカル	bakar
● 蒸す	ルブス	rebus
● 煮る	ムルブス	merebus
● コップ	グラス	gelas
● お皿	ピリン	piring
● お椀	マンコッ（ク）	mangkok
● フォーク	ガルプ	garpu
● スプーン	センドッ（ク）	se'ndok
● ナイフ	ピサウ	pisau
● 箸	スンピッ（ト）	sumpit
● ナプキン	ラッ（プ）タンガン	lap tangan

単語集

食事

果物

Buah-buahan

〔日本語〕	〔カタカナ読み〕	〔インドネシア語〕
● 果物	ブアッ	buah
● パパイヤ	プパヤ	pepaya
● マンゴー	マンガ	mangga
● ドリアン	ドゥリアン	durian
● スイカ	スマンカ	semangka
● ランブータン	ランブタン	rambutan
● マンゴスチン	マンギス	manggis
● みかん（かんきつ系の果物）	ジュルッ（ク）	jeruk
● バナナ	ピサン	pisang
● ジャックフルーツ	ナンカ	nangka
● パイナップル	ナナス	nanas
● ココナッツ	クラパ	kelapa
● スネークフルーツ	サラッ（ク）	salak
● スターフルーツ	ブリンビン	belimbing
● ぶどう	アングル	anggur
● グアバ	ジャンブ	jambu
● ドラゴンフルーツ	ブアッ ナガ	buah naga

単語集

果物

151

食材・野菜

Makanan / Sayur-sayuran

〔日本語〕	〔カタカナ読み〕	〔インドネシア語〕
● 肉	ダギン	daging
● 牛肉	ダギン サピ	daging sapi
● 豚肉	ダギン バビ	daging babi
● 鶏肉	ダギン アヤム	daging ayam
● ヤギ肉	ダギン カンビン	daging kambing
● 魚	イカン	ikan
● イカ	チュミ - チュミ	cumi-cumi
● エビ	ウダン	udang
● カニ	クピティン	kepiting
● ナマズ	レレ	le'le'
● 卵	トゥルル	telur
● ごはん	ナスィ	nasi
● 麺	ミ	mi
● パン	ロティ	roti
● 野菜	サユル	sayur
● 空心菜	カンクン	kangkung
● キャッサバ (芋や葉を食べる)	スィンコン	singkong
● じゃがいも	クンタン	kentang
● 人参	ウォルトゥル	wortel
● きゃべつ	クビス / コル	kubis / kol
● トマト	トマッ(ト)	tomat
● なす	テロン	te'rong

単語集

食材・野菜

飲み物・デザート

Minuman / Pencuci mulut

〔日本語〕	〔カタカナ読み〕	〔インドネシア語〕
● 飲み物	ミヌマン	minuman
● アルコール	アルコホル	alkohol
● 水	アイル プティッ	air putih
● ミネラルウォーター	アイル ミネラル	air mine'ral
● アクア (P.87 参照)	アクア	aqua
● 氷	エス	e's
● インドネシア式コーヒー	コピ	kopi
● ブラックコーヒー	コピ パヒッ(ト)	kopi pahit
● 牛乳	スス	susu
● お茶 (一般的にジャスミン茶)	テッ	te'h
● 緑茶	テッ ヒジャウ	te'h hijau
● ビール	ビル	bir
● ワイン	アングル	anggur
● ジュース	ジュス	jus
● 冷たい柑橘系のジュース	エス ジュルッ(ク)	e's jeruk
● 冷たいジャスミン茶	エス テッ	e's te'h
● ココナッツジュース	ジュス クラパ ムダ	jus kelapa muda
● マンゴージュース	ジュス マンガ	jus mangga
● 菓子全般 (ケーキやクッキーなど)	クエ	kue'
● チョコレート	チョッ(ク)ラッ(ト)	coklat
● ピーナッツ	カチャン	kacang
● アイスクリーム	エスクリム	e'skrim
● キャンディ	プルメン	perme'n
● ガム	プルメン カレッ(ト)	perme'n kare't

身体の名前

〔日本語〕	〔カタカナ読み〕	〔インドネシア語〕
● 髪の毛	ランブッ(ト)	rambut
● 頭	クパラ	kepala
● まゆ	アリス	alis
● まつ毛	ブル マタ	bulu mata
● 口ひげ	クミス	kumis
● 顎ひげ	ジャングッ(ト)	janggut
● 目	マタ	mata
● 鼻	ヒドゥン	hidung
● 耳	トゥリンガ	telinga
● 口	ムルッ(ト)	mulut
● 唇	ビビル	bibir
● 舌	リダッ	lidah
● 首	レヘル	le'he'r
● 喉	トゥンゴロカン	tenggorokan
● 腕	ルンガン	lengan
● 手	タンガン	tangan
● 指	ジャリ	jari
● 爪	クク	kuku
● 肩	バフ	bahu
● 背中	プングン	punggung
● 胸	ダダ	dada
● 乳首	プティン	puting
● 腹部	プルッ(ト)	perut
● 尻	パンタッ(ト)	pantat
● 膝	ルトゥッ(ト)	lutut
● 足	カキ	kaki
● 皮膚	クリッ(ト)	kulit
● 血	ダラッ	darah
● 筋肉	オトッ(ト)	otot
● 脳	オタッ(ク)	otak

Nama badan

〔日本語〕	〔カタカナ読み〕	〔インドネシア語〕
● 心臓	ジャントゥン	jantung
● 骨	トゥラン	tulang
● 肺	パル - パル	paru-paru
● 胃	ランブン	lambung

家族

Keluarga

〔日本語〕	〔カタカナ読み〕	〔インドネシア語〕
● 家族	クルアルガ	keluarga
● 父	ババッ(ク)	bapak
● 母	イブ	ibu
● 兄弟(男女含む)	サウダラ	saudara
● 兄	カカッ(ク) ラキ - ラキ	kakak laki-laki
● 姉	カカッ(ク) プルンプアン	kakak perempuan
● 弟	アディッ(ク) ラキ - ラキ	adik laki-laki
● 妹	アディッ(ク) プルンプアン	adik perempuan
● 息子	アナッ(ク) ラキ - ラキ	anak laki-laki
● 娘	アナッ(ク) プルンプアン	anak perempuan
● 孫	チュチュ	cucu
● いとこ・親戚	スププ	sepupu
● 祖父	カケッ(ク)	kake'k
● 祖母	ネネッ(ク)	ne'ne'k
● 夫	スアミ	suami
● 妻	イストゥリ	isteri
● 恋人	パチャル	pacar
● 友達	トゥマン	teman
● 大人	デワサ	de'wasa
● 子供	アナッ(ク)	anak
● 赤ちゃん	バイ	bayi

男子 laki-laki (ラキ - ラキ)　　女子 perempuan (プルンプアン)

商品・品物

〔日本語〕	〔カタカナ読み〕	〔インドネシア語〕
● ズボン	チュラナ	celana
● スカート	ロッ(ク)	rok
● ジーパン	チュラナ ジンズ	celana jeans
● シャツ	クメジャ	keme'ja
● Tシャツ	カオス オブロン	kaos oblong
● スーツ	ステラン ジャス	ste'lan jas
● ベルト	イカッ(ト) ピンガン	ikat pinggang
● 水着	パカイアン ルナン	pakaian renang
● 下着	パカイアン ダラム	pakaian dalam
● 靴	スパトゥ	sepatu
● サンダル	サンダル	sandal
● 布団 (掛け布団)	スリムッ(ト)	selimut
● まくら	バンタル	bantal
● スカーフ	スレンダン	sele'ndang
● 指輪	チンチン	cincin
● 鏡	チュルミン	cermin
● イヤリング	アンティン-アンティン	anting-anting
● ネックレス	カルン	kalung
● めがね	カチャマタ	kacamata
● サングラス	カチャマタ ヒタム	kacamata hitam
● 腕時計	ジャム タンガン	jam tangan
● バッグ	タス	tas
● 財布	ドンペッ(ト)	dompe't
● 帽子	トピ	topi
● 傘	パユン	payung
● 歯ブラシ	スィカッ(ト) ギギ	sikat gigi
● 歯磨き粉	パスタ ギギ	pasta gigi
● タオル	ハンドゥッ(ク)	handuk
● せっけん	サブン	sabun
● シャンプー	サンポ	sampo

単語集

商品・品物

Barang-barang

〔日本語〕	〔カタカナ読み〕	〔インドネシア語〕
● リンス	コンディショナー	conditioner
● 爪切り	グンティン クク	gunting kuku
● トイレットペーパー	ティス トイレッ（ト）	tisu toile't
● ティッシュ	ティス	tisu
● くし	スィスィル	sisir
● カミソリ	アラッ（ト） チュクル	alat cukur
● たばこ	ロコッ（ク）	rokok
● ライター	コレッ（ク） アピ	kore'k api
● 灰皿	アスバッ（ク）	asbak
● ごみ箱	トゥンパッ（ト） サンパッ	tempat sampah
● テーブル	メジャ	me'ja
● 椅子	クルスィ	kursi
● 電気製品	バラン エレクトロニッ（ク）	barang e'le'ktronik
● テレビ	テレフィスィ / ティフィ	te'le'visi / TV
● エアコン	アセ	AC
● デジタルカメラ	カメラ ディジタル	kame'ra digital
● 扇風機	キパス アンギン	kipas angin
● 洗濯機	ムスィンチュチ	mesin cuci
● 変圧器	トランスフォルマトル	transformator
● 電池	バテライ	bate'rai
● 本	ブク	buku
● 新聞	スラッ（ト） カバル / コラン	surat kabar / koran
● 雑誌	マジャラッ	majalah
● ノート	ブク チャタタン	buku catatan
● ペン	ペナ	pe'na
● 鉛筆	ペンスィル	pe'nsil
● 消しゴム	プンハプス	penghapus

単語集

商品・品物

色　　　　　　　　　　　　　　　　　　　　　　Warna

〔日本語〕	〔カタカナ読み〕	〔インドネシア語〕
● 色	ワルナ	warna
● 白(色)	(ワルナ) プティッ	(warna) putih
● 黒(色)	(ワルナ) ヒタム	(warna) hitam
● 赤(色)	(ワルナ) メラッ	(warna) me'rah
● 青(色)	(ワルナ) ビル	(warna) biru
● 黄(色)	(ワルナ) クニン	(warna) kuning
● 緑(色)	(ワルナ) ヒジャウ	(warna) hijau
● 水(色)	(ワルナ) ビル ラウッ(ト)	(warna) biru laut
● 紫(色)	(ワルナ) ウング	(warna) ungu
● ピンク(色)	(ワルナ) メラッ ジャンブ	(warna) me'rah jambu
● オレンジ(色)	(ワルナ) ジンガ / オラニュ	(warna) jingga / oranye
● 金(色)	(ワルナ) ゥマス	(warna) emas
● 銀(色)	(ワルナ) ペラッ(ク)	(warna) pe'rak
● 茶(色)	(ワルナ) チョッ(ク)ラッ(ト)	(warna) coklat
● グレー(灰色)	(ワルナ) アブ-アブ	(warna) abu-abu
● 濃い茶色(こげ茶)	(ワルナ) チョッ(ク)ラッ(ト) トゥア	(warna) coklat tua
● 薄茶色	(ワルナ) チョッ(ク)ラッ(ト) ムダ	(warna) coklat muda

病気・怪我

Sakit / Luka

〔日本語〕	〔カタカナ読み〕	〔インドネシア語〕
風邪	マスッ(ク) アンギン	masuk angin
アレルギー	アレルギ	ale'rgi
頭痛	サキッ(ト) クパラ	sakit kepala
腹痛	サキッ(ト) プルッ(ト)	sakit perut
骨折	パタッ トゥラン	patah tulang
すり傷	ルカ レチェッ(ト)	luka le'ce't
下痢	メンチェレッ(ト)	me'ncre't
便秘	スンブリッ(ト)	sembelit
熱がある	ドゥマム	demam
咳	バトゥッ(ク)	batuk
食中毒	クラチュナン バハン マカナン	keracunan bahan makanan
乗り物酔い	マブッ(ク) クンダラアン	mabuk kendaraan
虫刺され	ギギタン スランガ	gigitan serangga
やけどする	ルカ バカル	luka bakar
注射する	スンティッ(ク)	suntik
手術	オプラスィ	operasi
入院	マスッ(ク) ルマッ サキッ(ト)	masuk rumah sakit
薬局	アポテッ(ク)	apote'k
処方箋	ルセッ(プ)	rese'p
エイズ	エイズ	aids
がん	カンクル	kanker
肺炎	ラダン パル - パル	radang paru-paru
肝炎	ラダン リンパ	radang limpa
高血圧	トゥカナン ダラッ ティンギ	tekanan darah tinggi
インフルエンザ	インフルエンザ	influe'nza
性病	プニャキッ(ト) クラミン	penyakit kelamin
狂犬病	ラビエス	rabie's
マラリア	マラリア	malaria
コレラ	コレラ	kole'ra
デング熱	ドゥマム ブルダラッ	demam berdarah

交通機関

〔日本語〕	〔カタカナ読み〕	〔インドネシア語〕
自転車	スペダ	sepe'da
オートバイ	スペダ モトル	sepe'da motor
自動車	モビル	mobil
レンタカー	モビル セワ	mobil se'wa
タクシー	タクスィ	taksi
三輪自転車タクシー	ベチャッ(ク)	be'cak
三輪自動車タクシー	バジャイ	bajai
バス	ビス/ブス	bis / bus
夜行バス	ビス マラム	bis malam
乗合バス	アンコト	angkot
ツアーバス	ビス ウィサタ	bis wisata
高速道路	ジャラン トル	jalan tol
船	カパル	kapal
港	プラブハン	pelabuhan
飛行機	プサワッ(ト)	pesawat
空港	バンダラ	bandara
鉄道	レル クレタ アピ	re'l kere'ta api
汽車・列車	クレタ アピ	kere'ta api
夜行列車	クレタ マラム	kere'ta malam
通勤列車	クレタ コムトゥル	kere'ta komuter
各停列車	クレタ ランサム	kere'ta langsam
急行列車	クレタ チュパッ(ト)	kere'ta cepat
特急列車	クレタ エクスプレス	kere'ta e'kspre's
電車	クレタ リストリッ(ク)	kere'ta listrik
地下鉄	クレタ バワッ タナッ	kere'ta bawah tanah
駅	スタスィウン	stasiun
プラットホーム	ペロン	pe'ron
～番ホーム	ジャルル～	jalur ....
切符	カルチス/ティケッ(ト)	karcis / tike't
切符売り場	ロケッ(ト) プンジュアラン カルチス	loke't penjualan karcis
運賃	オンコス	ongkos

単語集

交通機関

Alat perhubungan

〔日本語〕	〔カタカナ読み〕	〔インドネシア語〕
● (列車の)路線図	ジャルル クレタ アピ	jalur kere'ta api
● (列車の)時刻表	ジャドワル クレタ アピ	jadwal kere'ta api
● 自由席	トゥンパッ(ト) ドゥドゥッ(ク) ベバス	tempat duduk be'bas
● 指定席	トゥンパッ(ト) ドゥドゥッ(ク) ブルダサルカン ノモル	tempat duduk berdasarkan nomor
● エコノミークラス	クラス エコノミ	kelas e'konomi
● ビジネスクラス	クラス ビスニス	kelas bisnis
● ファーストクラス	クラス エクセクティフ	kelas e'kse'kutif

通信

Komunikasi

〔日本語〕	〔カタカナ読み〕	〔インドネシア語〕
● 電話	テレポン	te'le'pon
● 電話番号	ノモル テレポン	nomor te'le'pon
● SIMカード	カルトゥ スィム	Kartu SIM
● 公衆電話	テレポン ウムム	te'le'pon umum
● FAX	フェックス	fax
● Eメール	イメル	e'-mail
● 郵便局	カントル ポス	kantor pos
● ポスト	ポス	pos
● 手紙	スラッ(ト)	surat
● 便せん	クルタス スラッ(ト)	kertas surat
● 封筒	アンプロッ(プ)	amplop
● 切手	プランコ	perangko
● 年賀状	カルトゥ スラマッ(ト) タフン バル	kartu selamat Tahun Baru
● 速達	エクスプレス	e'kspre's
● 速達(手紙)	ポス キラッ(ト)	pos kilat
● 書留	スラッ(ト) トゥルチャタッ(ト)	surat tercatat
● 航空便	ポス ウダラ	pos udara
● 船便	ポス ラウッ(ト)	pos laut
● 小包	パケッ(ト)	pake't
● 郵便番号	コドゥ ポス	kode pos

動物・植物

Binatang / Tanaman

〔日本語〕	〔カタカナ読み〕	〔インドネシア語〕
● 動物	ビナタン	binatang
● 鳥	ブルン	burung
● 魚	イカン	ikan
● ヘビ	ウラル	ular
● 大ヤモリ	トケッ(ク)	toke'k
● ヤモリ	チチャッ(ク)	cicak
● ワニ	ブアヤ	buaya
● ネズミ	ティクス	tikus
● トラ	ハリマウ	harimau
● 象	ガジャッ	gajah
● オランウータン	オラン フタン	orang hutan
● 猿	モニェッ(ト)	monye't
● 馬	クダ	kuda
● ネコ	クチン	kucing
● イヌ	アンジン	anjing
● 昆虫	スランガ	serangga
● アリ	スムッ(ト)	semut
● ちょうちょ	クプ-クプ	kupu-kupu
● ゴキブリ	クチョア	kecoa
● 蚊	ニャムッ(ク)	nyamuk
● 植物	タナマン / トゥンブハン	tanaman / tumbuhan
● 花	ブンガ	bunga
● 木	ポホン	pohon
● 葉	ダウン	daun
● 枝	ダハン	dahan
● 蓮	トゥラタイ	teratai
● 蘭	アングレッ(ク)	anggre'k
● バラ	マワル	mawar
● サボテン	カッ(ク)トゥス	kaktus
● ジャスミン	ムラティ	melati

単語集

動物・植物

類別詞　　　　　　　　　　　　　　kata penggolong

〔日本語〕	〔カタカナ読み〕	〔インドネシア語〕
● ～人（人間）	オラン	orang
● ～頭・匹・羽・尾（動物）	エコル	e'kor
● ～個（いろいろな物）	ブアッ	buah
● ～本（鉛筆や木、タバコなど）	バタン	batang
● ～粒・錠・個（種や薬、卵など）	ビジ / ブティル	biji / butir
● ～枚（紙などの平たく薄い物）	ルンバル / フライ	lembar / helai
● ～束（紙や野菜など束ねられた状態）	ブルカス / ブンドゥル / イカッ(ト)	berkas / bundel / ikat
● ～包（食べ物やタバコが紙などで包まれた状態）	ブンクス	bungkus
● ～箱	コタッ(ク) / カルドゥス	kotak / kardus
● ～袋	ブンクス	bungkus
● ～対・足・組（靴などペアで使う物）	パサン	pasang
● ～切れ（肉やパン、布など）	ポトン	potong
● ～冊・巻・部（本や雑誌など）	ジリッド	jilid
● ～人前（料理）	ポルスィ	porsi
● ～皿	ピリン	piring
● ～杯（コップ / グラス）	チャンキル / グラス	cangkir / gelas
● ～回	カリ	kali
● ～種類	マチャム	macam

インドネシア料理

masakan indonesia

食事系

- インドネシア版チャーハン　ナシィ ゴレン　nasi gore'ng
- ご飯の上にいろいろなおかずがのっているもの　ナシィ チャンプル　nasi campur
- 焼きそば　ミ ゴレン　mi gore'ng
- ワンタン麺　ミ パンスィッ(ト)　mi pangsit
- 肉団子入りラーメン　ミ バクソ　mi bakso
- 鶏のから揚げ　アヤム ゴレン　ayam gore'ng
- 魚のから揚げ　イカン ゴレン　ikan gore'ng
- 串焼き(鳥)　サテ アヤム　sate' ayam
- 串焼き(牛)　サテ サピ　sate' sapi
- 串焼き(ヤギ)　サテ カンビン　sate' kambing
- ゆで野菜(ピーナッツソースがけ)　ガド-ガド　gado-gado
- 鶏肉入りお粥　ブブル アヤム　bubur ayam
- 鶏肉入りスープ　ソト アヤム　soto ayam
- 牛肉のココナッツミルクと香辛料煮込み　ルンダン　rendang
- 鶏肉カレー　カリ アヤム　kari ayam
- ヤギのココナッツミルクと香辛料煮込み　グライ カンビン　gulai kambing
- 中華風野菜とシーフードの炒めもの　チャッ(プ) チャイ　cap cai
- インドネシアの甘いケチャップ　ケチャッ(プ) マニス　ke'cap manis
- インドネシアのチリソース　サンバル　sambal

デザート系

- 果物やゼリー等と砕いた氷のデザート　エス チャンプル　e's campur
- 果物と砕いた氷のデザート　エス ブアッ　e's buah
- 揚げバナナ　ピサン ゴレン　pisang gore'ng
- シーフード味の揚げせんべい　クルプッ(ク)　kerupuk
- ヤシの果肉入りフラッペ　エス クラパ　e's kelapa

観光スポット

Tempat Pariwisata

ジャワ島　　　　　　　　　　　　　　　　　　　　Pulau Jawa

- ボロブドゥール遺跡（大乗仏教寺院）　ボロブドゥル　　　　Borobudur
- プランバナン遺跡（ヒンドゥ教寺院）　プランバナン　　　　Prambanan
- マリオボロ通り　　　　　　　　　　ジャラン マリオボロ　Jalan Malioboro
- ブロモ山　　　　　　　　　　　　　グヌン ブロモ　　　　Gunung Bromo
- モナス（独立記念塔）　　　　　　　トゥグ モナス　　　　Tugu Monas
- クラトン（王宮）　　　　　　　　　クラトン　　　　　　　Kraton
- インドネシアのミニチュア版公園　　タマン ミニ インドネシィア インダッ　Taman Mini Indone'sia Indah

バリ島　　　　　　　　　　　　　　　　　　　　　Pulau Bali

- タナロット寺院（海辺のヒンドゥ教寺院）　プラ タナッ ロッ(ト)　Pura Tanah Lot
- ブサキ寺院（ヒンドゥ教総本山の寺院）　　プラ ブサキッ　　　Pura Besakih
- ウブド（バリ伝統芸能のメッカ）　　　　　ウブッ(ド)　　　　Ubud
- キンタマーニ（標高約1500メートルの高原）　キンタマニ　　　　Kintamani

スラウェシ島　　　　　　　　　　　　　　　　　　Pulau Sulawesi

- タナ トラジャ（伝統家屋と独特な葬儀で有名）　タナ トラジャ　Tana Toraja
- マナド（ダイビングスポット）　　　　　　　　マナド　　　　Manado

スマトラ島　　　　　　　　　　　　　　　　　　　Pulau Sumatra

- トバ湖（インドネシア最大の湖）　　　　　　　ダナウ トバ　　Danau Toba
- ブキティンギ（母性社会ミナンカバウ族の都市）　ブキッ(ト) ティンギ　Bukit Tinggi

その他　島　　　　　　　　　　　　　　　　　　　Pulau yang lain

- コモド島（コモドオオトカゲの生息地）　　　　プラウ コモド　Pulau Komodo
- ロンボク島（ビーチの楽園）　　　　　　　　　プラウ ロンボッ(ク)　Pulau Lombok

Memo

インドネシアは17000以上の島々と、約490の民族から成り立つ国です。
それぞれの民族が多様な文化・風土を継承し、ユニークな多様性を生み出しています。

単語集

観光スポット

秋葉原のインドネシア語学校

ランゲージステーション

JR秋葉原駅昭和通り口より徒歩4分、駅からも近く

新しく快適な環境でインドネシア語を学んでいただけます。

東京東部エリア・千葉・埼玉・茨城方面の方々

ぜひこの機会にインドネシア語を始めてみませんか！

お得なキャンペーン中に是非一度ご来校ください！

首都圏最安レベルのレッスン料

- 入学金無料 0円
- レッスン料 4,000円〜 （1レッスン 60分間）
- 教材費 3,000円〜

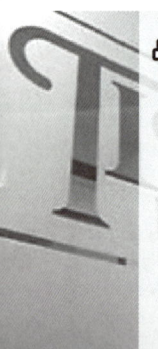

ランゲージステーションはここが違う！

グループ、プライベートレッスン随時募集中！

- 語学書出版「TLS出版社」併設のインドネシア語学校
- 先生は日本語が話せるインドネシア人
- 必要な言葉から学習するので実用的なインドネシア語が身に付く
- 豊富なレッスンコースで都合に合わせて選べる
- 無料体験レッスン開催中！ぜひ当校の授業方法をお試しください
- 大阪校もキャンペーン実施中！

詳しくは http://www.kotobanoeki.com

開校記念キャンペーン実施中！

● 選べる多彩なレッスン ●

グループレッスン
・少人数制（3人〜）
・授業料は月謝制
・インドネシア人講師が日本語で授業

プライベートレッスン
・完全予約制
・マンツーマンの徹底指導
・インドネシア人講師が日本語で授業

ネット de インドネシア語
・忙しくて通学できない方
・遠方で通えない方
・接続テストは無料です

三日間特訓コース
・完全予約制
・急な出張や旅行前に最適
・お一人でも受講可能

セミプライベートレッスン
気の合うお友達・ご夫婦2名でレッスン

１回完結レッスン
インドネシア語の初歩中の初歩を75分間で

インドネシア人向け日本語講座
インドネシア人のお友達・恋人に日本語を

昼コース　　全国講師派遣
出張講座　　法人様向け語学研修

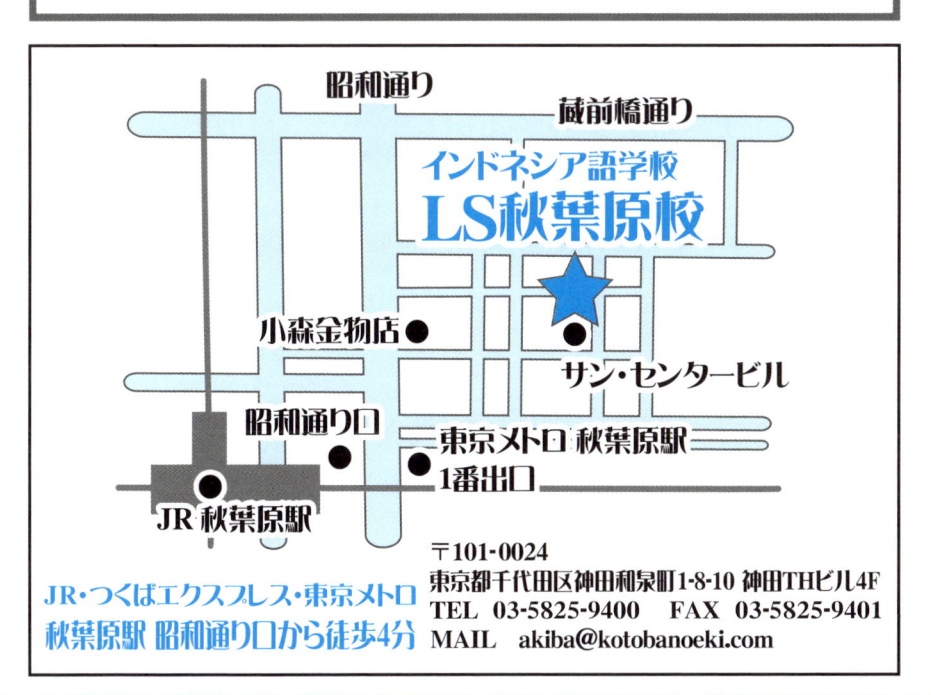

昭和通り
蔵前橋通り

インドネシア語学校
LS秋葉原校

小森金物店
サン・センタービル
昭和通り口
東京メトロ 秋葉原駅 1番出口
JR 秋葉原駅

JR・つくばエクスプレス・東京メトロ
秋葉原駅 昭和通り口から徒歩4分

〒101-0024
東京都千代田区神田和泉町1-8-10 神田THビル4F
TEL 03-5825-9400　　FAX 03-5825-9401
MAIL　akiba@kotobanoeki.com

日本国内個人向けサービス

秋葉原・大阪 インドネシア語学校
ランゲージステーション

目的によって選べる多彩なレッスン

グループレッスン
- 週に1回の固定制で、3名様以上でレッスンを行います。月謝制なので授業料が安く、クラスメイトとの交友関係も広がります。
- ゆっくり長期的に学習したい方や人と接することが好きな方におすすめです。

3日間漬け特訓コース
- 1日3時間×3日間のコースで、急な出張や旅行前に最適です。
- すぐに使える実践的なフレーズを中心に学習します。

インターネット授業
- 遠方にお住まいの方、小さなお子様がいらっしゃる方など、通学が難しい方に好評です。PC・スマホ・タブレットで受講いただけます。

セミプライベートレッスン

プライベートレッスン
- 自由予約制（チケット）と固定制（月謝）があり、スケジュールやご予算に合わせて選択できます。
- チケット制は事前連絡で何度でも変更・キャンセルOK！

1日缶詰6時間コース
- 「旅行前に少しだけ勉強したい」「急に仕事で必要になった」という方におすすめの超短期コースです！
- 既習者の「会話・スピーチの練習がしたい」「苦手なところを集中的に勉強したい」などのご要望にも対応します。

外国人向け日本語コース
- 外国人のお友達、恋人に日本語を習わせてあげて下さい。

出張レッスン

講師全国派遣サービス

翻訳
- 手紙、ラブレターなど　**日本語1文字 10円～**
- 婚姻届受理証明書、出生届、出生証明書、戸籍謄本、住民票などの公的書類　**8,000円～**

通訳
- ショッピングのアテンド、男女間の話し合いなど専門性、スピードを求めないもの　**40,000円～/日**
  ※その他の内容は専門通訳となります。法人向けサービスをご覧下さい。

無料体験レッスン実施中

開講スケジュールはホームページをご覧下さい。
既習者の方はカウンセリングの後、最適なコースをご案内しますので、お気軽にお問い合わせ下さい。

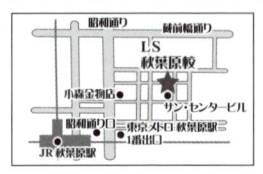

【秋葉原校】
- 所在地　〒101-0024　東京都千代田区神田和泉町1-8-10 神田THビル4F
- アクセス　JR・TX・東京メトロ秋葉原駅 昭和通り口から徒歩4分
- TEL　03-5825-9400
- FAX　03-5825-9401
- E-mail　akiba@kotobanoeki.com

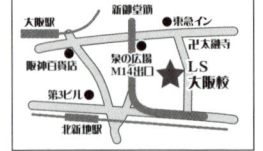

【大阪校】
- 所在地　〒530-0056　大阪府大阪市北区兎我野町9-23 聚楽ビル5F
- アクセス　JR大阪駅、地下鉄梅田駅から泉の広場M14番出口徒歩5分
- TEL　06-6311-0241
- FAX　06-6311-0240
- E-mail　info@indonesiago.com

インドネシア語、英語、タイ語、ベトナム語、タガログ語、中国語、台湾華語、韓国語、ドイツ語、フランス語、スペイン語、ポルトガル語、イタリア語、ロシア語、モンゴル語、アラビア語、ヒンディ語のレッスンを行っております。2言語、3言語お申し込みの場合特別価格でご案内しております。

http://www.kotobanoeki.com

日本国内 法人向けサービス

ビジネス通訳と翻訳サービス

長期間のご契約・ご依頼などはボリュームディスカウントさせていただきます。

インドネシア語⇔日本語はもちろん、**インドネシア語⇔各国語**もお任せ下さい！

ビジネス通訳	60,000円〜/日
同時通訳	100,000円〜/日
ビジネス翻訳	日本語1文字 22円〜

見積無料

ISO、各種契約書、各種証明書、戸籍、定款、新聞、雑誌、パンフレット、カタログ、取扱説明書、協定、論文、履歴書、会社案内、報告書、企画書、規約、ホームページ、販促商材（メニュー、ポップ等）など

従業員語学研修と講師派遣

▶ 海外赴任前の従業員様への語学研修、その他生活や現地ワーカーとの付き合い方までレッスンできます。
外国人研修生への日本語レッスン、出張レッスンもお任せ下さい。
▶ 各コースとも専用プランをご提案させて頂くと共に、必要に応じて学習到達度等のレポートを提出する事も可能です。

各国語ナレーター・映像製作

▶ 海外向けPV、現地従業員教育ビデオなど、多種多様な映像製作と外国語ナレーションを取り扱っています。

インバウンド支援事業

▶ インバウンド対策の一環として外国語での接客はとても重要です。
目の前にお客様がいらっしゃるのに、結局お声がけもできないままでは機会損失する一方です。
外国語が出来ない従業員様でもコミュニケーション可能なオリジナル指さし接客シートと併用する事で効率よく接客が行えます。

インドネシア語、英語、タイ語、ベトナム語、タガログ語、中国語、台湾華語、韓国語、ドイツ語、フランス語、スペイン語、ポルトガル語、イタリア語、ロシア語、モンゴル語、アラビア語、ヒンディ語のご依頼を承っております。

インドネシア語学校、通訳、翻訳の
ランゲージステーション

【秋葉原】
03-5825-9400

【大阪】
06-6311-0241

http://www.kotobanoeki.com

TLS出版社

ベストセラー改訂新版！

学校では教えてくれないオトナの会話術！

男と女のインドネシア語会話術

CD付き！

B6版 240ページ　CD付属
TLS出版編集部　著
本体 1,500円＋税
ISBN 978-4-434-19390-3

初心者でも安心！
カタカナ併記で初心者でも簡単に読むことが出来ます。

想いが伝わる！
出会い、恋人から結婚・出産まで男女のあらゆる場面の会話を掲載。

便利なCD付！
ネイティブスピーカーによる音声を収録。CDで発音の確認が簡単に出来ます。

インドネシア事情満載！
インドネシアの恋愛や文化を紹介したコラムを多数掲載。

インドネシア人も使える！
日本語の発音を「ローマ字」で併記。インドネシア人も日本語の発音が出来ます。

男と女の単語集付き！
恋愛の会話に役立つ単語、なかなか人には聞けない単語を選りすぐりました。

お近くの書店にない場合は当社へ

店頭にない場合は、当社ホームページの通販コーナーをご利用いただくか、お電話またはFAXでご注文下さい。FAXでお求めの際は書籍名、氏名（社名）、お届け先ご住所、電話番号をご記入の上、送信して下さい。ご注文承り後4～7日以内に代金引換郵便でお届けいたします。（別途送料・代引き手数料がかかります。）

ホームページ：http://www.tls-group.com
ＴＥＬ：03-5287-2034　ＦＡＸ：03-5287-2035

TLS出版社

アジアに強いTLS出版社の実用単語集シリーズ！

移動中でもMP3で聞ける！
実用インドネシア語単語集

CD付き

全ての単語・例文の日→イン 交互に
吹き込んだ**MP3**を付属。

移動中・作業中に、本がなくても
iPhoneや**スマホ**で耳から学習！

カナ読みを併記してあるので、初心者も安心。
日本語にはローマ字とひらがなが
併記してあるのでインドネシア人も使える！
行動順のページ構成で関連性を重視。
出張、旅行、滞在、初心者、学習者、老若男女
誰でも気軽に便利に使える
オールラウンドな単語集！

B6判 238ページ CD-ROM付
スリ・ネリ・トリスナワティ・ロハンディ 著
本体 1,500円＋税
ISBN 978-4-434-18867-1

お近くの書店にない場合は当社へ

店頭にない場合は、当社ホームページの通販コーナーをご利用いただくか、
お電話またはＦＡＸでご注文下さい。ＦＡＸでお求めの際は書籍名、氏名（社名）、
お届け先ご住所、電話番号をご記入の上、送信して下さい。ご注文承り後４～７日以内に
代金引換郵便でお届けいたします。（別途送料・代引き手数料がかかります。）

ホームページ：http://www.tls-group.com
ＴＥＬ：03-5287-2034　ＦＡＸ：03-5287-2035

TLS出版社

インドネシア語初心者のためのポケット辞典！

日インドネシア
インドネシア日
ポケット辞典

日 → インドネシア「4000語」
インドネシア → 日「4000語」を収録！

日常生活に関する単語はこれ1冊でOK！

例文を併記してあるので、作文、会話にとても便利！

カタカナ表記だから聞いた音ですぐ引ける！

コンパクトなハガキサイズなので
旅行のときも邪魔にならない！

Kamus Saku Jepang ⇔ Indonêsia
日インドネシア ポケット辞典
●カナ発音表記
●逆引き可能
●実用単語満載
●用例・例文収録
TLS出版編集部 編
1800円 本体

ハガキ判 522ページ
TLS出版編集部：著
本体 1,800円＋税
ISBN 978-4-434-17665-4

国内最安値！驚異の本体価格 1,800円

お近くの書店にない場合は当社へ

店頭にない場合は、当社ホームページの通販コーナーをご利用いただくか、お電話またはＦＡＸでご注文下さい。ＦＡＸでお求めの際は書籍名、氏名（社名）、お届け先ご住所、電話番号をご記入の上、送信して下さい。ご注文承り後４～７日以内に代金引換郵便でお届けいたします。（別途送料・代引き手数料がかかります。）

ホームページ：http://www.tls-group.com
ＴＥＬ：03-5287-2034　ＦＡＸ：03-5287-2035

TLS出版社

TLS出版社　最強ラインナップ！

● 実用単語集シリーズ

実用 ベトナム語 単語集 （CD-ROM付）
チャン・トゥン・ニュー・マイ 著　B6判 240頁

実用 ロシア語 単語集 （CD-ROM付）
松下 則子 著　B6判 256頁

実用 タイ語 単語集 （CD付）
藤崎 ポンパン 著　B6判 204頁

実用 フランス語 単語集 （CD-ROM付）
後 直美 著　B6判 240頁

実用 中国語 単語集 （CD付）
TLS出版編集部 著　B6判 226頁

実用 ブラジル・ポルトガル語 単語集 （CD-ROM付）
新垣 クラウディア 著　B6判 238頁

実用 韓国語 単語集 （CD付）
TLS出版編集部 著　B6判 198頁

実用 スペイン語 単語集 （音声ダウンロード付）
TLS出版編集部 著　B6判 240頁

実用 イタリア語 単語集 （CD付）
大瀬 順子／小澤 直子 翻訳・監修　B6判 208頁

実用 ドイツ語 単語集 （CD-ROM付）
TLS出版編集部 著　B6判 240頁

● 学校では教えてくれない！男と女の会話術シリーズ

男と女の タイ語 会話術 （CD付）
早坂裕一郎／塙憲啓 著　B6判 250頁

男と女の スペイン語 会話術 （CD付）
榎本 和以智 著　B6判 244頁

男と女の 中国語 会話術 （CD付）
TLS出版編集部 著　B6判 216頁

男と女の ロシア語 会話術 （CD付）
マフニョワ ダリア 著　B6判 230頁

男と女の 韓国語 会話術 （CD付）
TLS出版編集部 著　B6判 198頁

男と女の ブラジル・ポルトガル語 会話術 （CD付）
新垣 クラウディア 著　B6判 240頁

お近くの書店にない場合は当社へ

店頭にない場合は、当社ホームページの通販コーナーをご利用いただくか、お電話またはFAXでご注文下さい。FAXでお求めの際は書籍名、氏名（社名）、お届け先ご住所、電話番号をご記入の上、送信して下さい。ご注文承り後4～7日以内に代金引換郵便でお届けいたします。（別途送料・代引き手数料がかかります。）

ホームページ：http://www.tls-group.com
ＴＥＬ：03-5287-2034　ＦＡＸ：03-5287-2035

● 著者紹介

村田 恭一　(Kyoichi Murata)

愛知県生まれ。名古屋大学大学院国際開発研究科卒
10代後半約2年に渡り世界バックパッカー旅行を経て
その後アメリカ、インドネシア、中国の大学に留学。
これまでに、静岡県、神奈川県、千葉県、埼玉県、宮城県、
岩手県の検察庁および多くの企業にて、
インドネシア語、マレー語、中国語、英語の通訳・翻訳を担当。
マルチリンガルとして活躍の場を広げつつ、
さらなる新言語の習得に努めている。

世界一わかりやすい！
一夜漬けインドネシア語

Menguasai Bahasa Indonesia dalam Semalam

2013年　4月15日	初版発行	著　者	村田 恭一
2015年12月15日	第3刷	発行者	藤崎 ポンパン
2018年　6月15日	第4刷	発行所	TLS出版社　発売所　星雲社

● 新宿校　　　(Tokyo Shinjuku Office)
〒160-0021 東京都新宿区歌舞伎町 2-41-12 岡埜ビル 6F
Tel：03-5287-2034　Fax：03-5287-2035　E-mail：tokyo@tls-group.com

● 秋葉原校　　(Tokyo Akihabara Office)
〒101-0024 東京都千代田区神田和泉町 1-8-10 神田THビル 4F
Tel：03-5825-9400　Fax：03-5825-9401　E-mail：akiba@tls-group.com

● 大阪校　　　(Osaka Umeda Office)
〒530-0056 大阪府大阪市北区兎我野町 9-23 聚楽ビル 5F
Tel：06-6311-0241　Fax：06-6311-0240　E-mail：school@tls-group.com

　スクンビット校　(Bangkok Sukhumvit Office)
　シーロム校　　　(Bangkok Silom Office)
　プロンポン校　　(Bangkok Phromphong Office)
　トンロー校　　　(Bangkok Thonglo Office)
　シラチャ校　　　(Chonburi Sriracha Office)
　パタヤ校　　　　(Chonburi Pattaya Office)

http://www.tls-group.com

TLS出版社の書籍は、書店または弊社HPにてお買い求めください。
本書に関するご意見・ご感想がありましたら、上記までご連絡ください。

企画・製作	早坂 裕一郎　(Yuichiro Hayasaka)
装丁	中村 直美　(Naomi Nakamura)
編集	早坂 裕一郎　(Yuichiro Hayasaka)　/　中村 直美　(Naomi Nakamura)
ナレーター	Dimas Haristopan Saragih　/　岡田 桂　(Katsura Okada)
校正協力	Muhammad Aziz　/　Sri Neli Trisnawati Rochandi

無断複製・転載を禁止いたします。
Copyright ©2013 TLS Publishing All Rights Reserved.
[定価はカバーに表示してあります。] [落丁・乱丁本はお取り替えいたします。]

ISBN 978-4-434-15741-7 C2087　Printed in Japan　　印刷　株式会社 ナポ　(NAPO Co.,Ltd.)